오십의 말하기는
달라야 합니다

오십의 말하기는 달라야 합니다

사람을 사로잡는 재치 있고
긍정적인 포용의 대화법

이호선 지음

오아시스
Oasis

기회의 문을 여는 열쇠, 말하기

50대, 새로운 챕터를 열어가는 나이

내 나이도 이제 50대에 접어들었다. 나이가 들면 '꼰대'라는 낙인이 찍히기 쉽다. 하지만 원활한 소통 능력을 가진 사람은 나이와 상관없이 누구와도 대화할 수 있다.

50대는 여전히 열정이 끓어오르고, 도전을 갈망하는 나이이자 꿈을 향해 달려갈 수 있는 충분한 경험, 그리고 지혜를 가진 황금기다. 이 시기를 진정으로 즐기기 위해서는 우리의 이야기를 세상과 나누고, 그 속에서 새로운 기회를 찾아야 한다.

세상에는 말을 통해 얻을 수 있는 것, 나눌 수 있는 것이 너무도 많다. 기회와 돈, 그리고 운은 모두 말을 통해 나에게로 흘러온다. 특히 50대에 들어서면 가장 중요한 것이 바로 말하기다. 말하기 능력은 그동안 쌓아온 내 안의 가치와 세상의 필요를 연결하는 다리 역할을 하기 때문이다.

대부분 많은 사람 앞에서 말하는 것이 자신 없어서, 항상 손해 보는 것 같아서, 결정적 순간에 제대로 말을 못하는 자신이 너무 싫어서 등등 다양한 이유로 말을 잘하고 싶어 한다. 그리고 실제로 말을 잘하면 많은 것을 훨씬 더 쉽게 이룰 수 있다. 대중 앞에 서는 것이 두려워 사업 기회를 놓친 사업가, 투자 유치를 위해 긴장하며 발표를 준비하는 예비 창업자, 승진을 노리며 중요한 프레젠테이션을 준비하는 직장인 등 다양한 사람들이 나에게서 말하기 코칭을 받았다. 그들이 말하기를 배우며 인생의 전환점을 맞이하고, 삶이 더 나은 방향으로 변화하는 과정은 정말 놀라웠다.

그렇다면, 어떻게 해야 말을 잘할 수 있을까?

맛있는 말의 비밀

"어쩜 그렇게 말을 맛있게 하세요?"

한국산업단지공단에서 주최하는 토크콘서트 사회를 마치고 무대를 내려오는 길에 이사장님이 엄지척을 하며 내게 한 말이다. '맛있는 말'이라니, 처음 듣는 표현이었다. 하지만 그 말에 담긴 진심 어린 칭찬이 와 닿았고 나의 20년 경력을 한 마디로 요약해주신 것 같아 감사한 마음이 들었다.

그날 이사장님과 행사를 주최한 산업단지공단 직원들과 함께 저녁식사를 하게 되었다. 식사 자리에서 나를 향한 호기심 어린 시선들을 느꼈다. 한창 식사를 즐겁게 하고 있는데 누군가 나에게 물었다.

"사회자님, 어쩜 그렇게 말을 잘하세요? 어떻게 하면 말을 잘할 수 있나요?"

나는 잠시 생각에 잠겼다. 언제 들어도 쉽지 않은 질문이다.

"말을 잘하려면 인간성이 좋아야 합니다."

내가 이렇게 말하자, 의아한 표정을 지었다.

"저도 처음부터 이렇게 생각한 건 아니에요. 처음엔 저도 발음, 발성, 기술이 중요하다고 생각했죠. 하지만 시간이 지나면서 깨달았어요. 진정한 소통은 기술이 아닌 이해하고 공감하며 나누는 마음에서 시작된다는 걸요. 그래서 말 잘하는 사람 중에 순발력이 떨어지는 사람은 있어도 상대를 배려하지 않는 사람은 없습니다."

내가 이렇게 덧붙이자, 그제서야 그 자리의 많은 사람들이 고개를 끄덕였다.

말은 그저 도구일 뿐이다. 중요한 건 그 말을 통해 전달하고자 하는 마음이다. 상대방을 이해하고 공감하는 마음, 그리고 진심을 담은 이야기를 나누고자 하는 열정. 이것들이 바로 '맛있는 말'의 재료이다.

그래서 내가 말하기에서 강조하는 것이 바로 '마인드셋'이다. 오랜 경험을 통해 알게 된 것은 누군가에게 말을 할 때 가장 중요한 것은 마음가짐이라는 사실이다. 말하는 사람이 어떤 마인드를 가지고 말을 하느냐에 따라 상대방을 설득시킬 수도, 내 편으로 만들 수도 있다. 그리고 마인드는 얼마든지 배울 수도, 연습할 수도 있다.

마인드를 비롯해 그동안 수많은 사람을 코칭하며 쌓은 다양한 말하기 경험과 노하우를 이 책에 담았다. 이 책을 통해 말하기의 진정한 즐거움을 느끼고 변화를 경험하기를 바란다.

— 이호선

차례

──── PART 1 ────
관계가 술술 풀리는
대화의 비결

———— **PART 2** ————

감정에 휘둘리지 않는
소통의 말습관

PART 3
인생을 성공으로
이끄는 말의 기술

—————— **PART 4** ——————

힘들이지 않고 삶을 원하는 것으로
채우는 말의 기술

PART 1

관계가 술술 풀리는
대화의 비결

첫 만남,
차가운 공기 녹이는 기술

●

입맞춤보다 중요한
눈맞춤

눈을 맞추고 미소 지어라

아이스 브레이킹(Ice Breaking)은 처음 만나는 사람들 사이의 어색함을 풀고, 편안한 분위기를 만드는 기술이다. 이는 소개팅, 상견례, 대중 연설 등 다양한 상황에서 효과적이다. 그리고 그 첫 단계는 바로 눈 맞춤과 미소다.

　나는 아이스 브레이킹 하면 얼마 전 한 후배에게 소개팅을 주선했던 일이 떠오른다. 그 후배는 연애 경험이 별로 없긴 했지만 외모, 직업 등 모든 면에서 완벽했기에 소개팅 다음 날 기대를 안고 여자쪽에게 전화했다.

"어땠어? 괜찮지?"

그녀는 잠시 고민하더니 대답했다.

"잘 모르겠어요. 절 마음에 안 들어 하는 거 같은데요. 눈도 자꾸 피하시고."

뭔가 이상하다고 생각한 나는 당장 후배에게 연락했다.

"어제 어땠어? 별로야?"

그러자 후배는 뜻밖의 대답을 했다.

"너무 마음에 들어요. 제 이상형이에요."

후배는 너무 긴장한 나머지 상대방과 눈을 제대로 마주치지 못했던 것이다.

어색함을 푸는 첫 단계는 눈을 보는 것이다. 대중 스피치의 경우도 마찬가지다.

미국의 전 대통령 버락 오바마는 아이스 브레이킹의 달인이다. 그의 연설을 보면, 항상 청중과 눈을 마주치며 따뜻한 미소를 짓는다. 이런 작은 제스처가 청중들의 마음을 열고 그의 메시지에 귀 기울이게 만든 것이다.

한번은 배우 로버트 드니로가 텔레비전 쇼에서 팬과 대화를 나누는 것을 본 적이 있는데, 인상적이어서 기억에 남는다. 관객석에서 한 여성 팬이 일어나 떨리는 목소리로 그에게 질문하자, 로버트 드니로는 팬의 눈을 지긋이 바라보며 따뜻한 미소를 지었다. 그러자 마치 마법에 걸린 듯 그녀의 긴장된 어깨는 풀어지기 시작했고, 초조함이 사라지더니 그에 대한 호기심으로 가득 찬 눈으로 바뀌었다. 질문과 답변이 이어질수록 분위기가 편안해졌고 나중에는 마치 두 사람의 친밀한 대화처럼 느껴질 정도였다.

이러한 예들은 대화나 연설에서 눈을 보고 웃는 것이 얼마나 중요한지를 잘 보여준다. 상대방의 눈을 보고 웃음으로 소통하면 그 사람과의 연결은 훨씬 강하고 부드러워진다. 이것이 바로 아이스 브레이킹의 힘이다. 이는 단순한 사교 기술을 넘어 인간관계의 시작을 결정짓는 중요한 요소다.

공통된 관심 주제로 벽을 허물어라

"어, 안녕하세요…. 처음 뵙겠습니다."

떨리는 목소리로 인사를 건네는 신입사원 김○○ 씨. 첫 회식 자리에서 그의 얼굴은 긴장으로 굳어만 갔다. 시간이 지날수록 긴장감은 풀리기는커녕 더 심해졌고 모두 웃고 떠드는데 자기만 혼자 덩그러니 앉아 있는 기분이 들었다. 그때 대리님이 다가와 말을 건넸다.

"○○ 씨, 들어보니 야구를 좋아한다면서요? 나도 열렬한 팬인데, 어느 팀 응원해요?"

야구라는 말에 어색한 표정으로 앉아 있던 김○○ 씨의 눈이

번쩍 뜨였다.

"아, 저는 두산 베어스요!"

"오호! 저는 LG 트윈스 팬인데, 우리 라이벌이네요. 하하!"

대리님의 유쾌한 웃음소리에 김○○ 씨의 긴장도 서서히 풀리기 시작했다.

이렇게 날씨, 취미, 여행 등 공통된 관심 주제로 대화의 물꼬를 트는 것은 어색한 공기를 바꾸는 좋은 방법이다.

아이 러브 캄보디아!

몇 년 전, 화장품 회사에 다니던 선배가 도와달라고 찾아온 적이 있다. 지사가 캄보디아로 진출하게 되었는데 자신이 행사에서 연설을 한다는 것이다. 알고 보니 TV 방송까지 중계되는 큰 행사여서 걱정이 이만저만이 아니었다.

준비해온 인사말을 읽어봤더니 형식적인 말이 대부분이었다.

나는 다음과 같이 선배에게 현지어로 인사를 하고, 참석한 유명 연예인들의 이름을 언급하라고 조언했다.

"안녕하세요? 저는 ○○화장품의 ○○○입니다. 저는 캄보디아를 무척 사랑합니다. 특히 문화와 대중예술을 사랑하죠. 그중 가장 좋아하는 아티스트는….

그리고 그 행사에서 노래 부르게 될 캄보디아 가수를 한 명씩 호명하라고 했고 마지막에 "○○화장품은 캄보디아에서 여러분을 만나게 되어 매우 기쁩니다. 아이 러브 캄보디아!"라고 외치라고 하였다.

실제로 선배는 나의 조언대로 인사말을 하였고, 이 인사말 덕분에 행사장 분위기가 완전히 바뀌었다고 한다. 관객들은 열광했고, 현지 방송국으로부터 인터뷰 요청이 쇄도했다. 이것이 바로 아이스 브레이킹의 힘이다.

첫 만남에서의 작은 노력이 큰 관계의 시작이 될 수 있다. 아이스 브레이킹은 그 첫걸음이다. 차가운 공기를 녹이는 따뜻한 말한마디로 새로운 관계의 문을 여는 법, 결코 어렵지 않다.

아이스 브레이킹의
기술

아이스 브레이킹의 힘은 단순히 첫 만남을 부드럽게 만드는 데서 그치지 않는다. 이는 장기적인 관계 형성의 시작점이 될 수 있다. 몇 가지 아이스 브레이킹 노하우를 살펴보자.

눈 맞춤과 미소 연습하기 | 거울 앞에서 표정을 연습해보자. 자연스러운 미소와 따뜻한 눈빛은 연습으로 만들어진다.

공통 관심사 찾기 | 상대방의 관심사를 파악하고 그에 관해 이야기를 나누자. 야구, 영화, 여행 등 가벼운 주제로 시작해 대화의 물꼬를 틀 수 있다. MBTI에 대해 이야기를 나누어보는 것도 좋다. 성격과 관심사에 대해 이야기하며 상대에게 더 많은 걸을 알 수 있게 되니 일석이조이다.

적극적인 경청 | 상대방의 이야기에 진심으로 귀 기울이고 관심을 표현하는 것도 중요하다. 이는 상대방에게 편안함을 주고 대화를 더 깊게 만든다.

유머 사용하기 | 적절한 유머는 분위기를 한결 부드럽게 만든다. 단, 상대방을 불편하게 할 수 있는 농담은 피하자.

그 자리의 주인공은
누구인가

●

상대방을
빛나게 하는 말

신랑이 불량감자를 닮았습니다

"잠시 후 신랑 입장이 있겠습니다. 입장에 앞서 신랑 소개를 잠시 드리자면, 그는 제 대학 후배입니다. 성격 좋고 공부 잘하고 또 직업도 좋습니다. 그런데 한 가지 단점이 있습니다. 이 친구, 참 못생겼습니다. 예전에 광고에 나오던 불량감자를 닮았어요."

한 결혼식장에서의 일이다. 개그맨 출신 사회자의 말에 처음엔 모두가 웃었지만, 점점 분위기가 이상해지기 시작했다. 사회자는 계속해서 신랑의 외모를 비하하는 농담을 이어갔고, 결국 신랑의 얼굴은 붉게 물들었다. 하객들의 표정도 굳어갔다.

이는 사회자가 '그 자리의 주인공이 누구인가?'를 망각한 전형적인 사례다. 결혼식의 주인공은 신랑, 신부다. 그들이 가장 빛나야 할 순간에 외모를 깎아내리는 말로 축제의 분위기를 망친 것이다. 이렇게 본인이 돋보이려다 주인공을 무시하는 우를 범해선 안 된다.

나는 25년간 무대에서 마이크를 잡아왔다. 그 경험을 통해 깨달은 가장 중요한 점은 바로 '주인공을 빛나게 하는 것'이다.

"사회를 맡은 저는 신랑 친구 이호선입니다. 제가 사회를 본 결혼식의 신랑, 신부는 지금까지 싸우거나 헤어진 사람이 단 한 명도 없습니다. 오늘도 신랑, 신부가 행복하기를 기도하는 마음으로 최선을 다해 사회를 보겠습니다!"

이렇게 진심을 담아 말하면 신랑신부는 물론 하객들까지 행복해한다. 내 결혼식에서도 아내가 가장 빛나길 바라는 마음에 여자 가수 대신 남자 가수를 섭외했다. 하객들의 시선이 신부에게 집중되기를 바랐기 때문이다.

농담, 웃음과 상처 사이에서

한번은 어떤 행사에 후배를 소개한 적이 있다.

"잘 다녀왔어? 행사는 잘 마쳤지?"

내가 묻자 후배의 목소리에는 자신감이 넘쳤다.

"그럼요. 분위기 최고였어요. 사람들이 엄청나게 웃고 좋아했어요."

나는 안도의 한숨을 내쉬었다. 추천한 후배가 잘 해냈다니 기분이 좋았다.

며칠 후 그 행사 담당자에게 전화가 걸려와 나는 반갑게 전화를 받았다.

"안녕하세요, 김 부장님."

그러나 수화기 너머로 들려온 목소리는 차가웠다.

"저번에 소개해준 사회자 말이에요…."

김 부장의 목소리에서 불쾌감이 묻어났다.

"네, 무슨 일이 있었나요?"

"그 친구가 우리 사장님을 웃음거리로 만들었어요. 사장님 키가 작다느니 어쩌고 해서."

"아… 정말 죄송합니다."

"많은 사람을 웃게 했다고 다 좋은 게 아닙니다. 다시는 그 친구를 부르고 싶지 않네요."

나는 다시 사과드렸고, 후배에게 웃음이 자주 터지거나 분위기가 좋다고 해서 그것이 최고의 무대는 아니라는 것을 가르쳐줘야 했다.

말을 잘한다는 것은 단순히 유머 감각이 뛰어나다는 뜻이 아니다. 그 자리에 맞는 적절한 말을 하고, 상대방을 배려하는 것이 진정한 의미의 '말 잘하는 사람'이다.

무엇보다 그 자리의 주인공이 누구인지를 먼저 파악해야 한다. 그리고 그 주인공을 빛나게 하는 것이 우선이다. 반대로 상대방을 무시하거나 심한 농담으로 무안을 준다면 상대방에게 큰 상처를 주고 결국 적을 만드는 결과를 만든다. 일부러 그러는 사람은 없겠지만, 자신도 모르게 던진 말에 상처를 줄 수도 있다는 생각을 해야 한다. 사람마다 혈액형도 다르고 MBTI도 다르다. '이정도 농담쯤이야!'라고 가볍게 생각하지 말고 몇 번 더 상대방 입장에서 고려하자.

그 자리는 어떤 자리인가

얼마 전, 후배의 집들이에 초대되어 선물을 사가지고 방문했다. 후배는 따뜻한 미소를 지으며 문을 열었다.

"어서 오세요!"

새집 냄새가 가득한 거실에 지인들이 하나둘 모여들었고 후배의 아내가 정성스레 준비한 요리 향이 공간을 채웠다.

"와, 집 정말 예쁘게 꾸몄네."

새집에 대한 칭찬, 결혼 생활의 소소한 이야기들로 시끌시끌하고 웃음소리가 끊이지 않았다.

그때였다.

"요즘 집값이 너무 올랐어."

한 선배의 이 한마디에 분위기가 미묘하게 변했다.

"그러게 말입니다. 정부 정책이….."

누군가 이 말을 받았다. 그러자 대화 주제는 순식간에 정치로 번졌고 목소리는 점점 높아졌다.

"아니, 그래도 이 정부가 어떻게….."

"뭐라고?"

옆에서 지켜보던 후배가 조심스레 입을 열었다.

"저기, 음식이 식겠어요. 먼저 드시고 이야기하시죠."

하지만 아무도 듣지 않았다. 언쟁은 계속되었고, 축하와 웃음으로 가득할 줄 알았던 집들이는 엉망이 되고 말았다. 후배는 기분이 많이 상했을 것이다. 음식 준비에 공을 들이고 집 인테리어도 신경을 많이 썼을 텐데 정치 이야기를 하다 싸움까지 났으니다시는 그들을 집에 초대하고 싶지 않을 게 분명하다.

그 장소의 주인공이 누군지, 어떤 취지로 모였는지를 먼저 파악하고 상황에 맞는 주제로 이야기를 해야 모두가 공감하는 즐거운 대화를 할 수가 있다.

할 말이 없다면 그저 듣기만 해도 기본은 한다. 특히 정치나 종교와 같은 민감한 주제는 피하는 것이 좋다. 이는 자칫 분쟁을 일으킬 수 있기 때문이다. 살아온 인생과 환경이 다른데 누군가가 설득한다고 쉽게 생각을 바꿀 수 있을까? 결국 나는 맞고 너는 틀리다 하는 식으로 대화가 흘러가 파국을 맞이하기 쉽다.

말 잘하는 사람 중에는 순발력이 떨어지는 사람은 있어도 상대를 배려하지 않는 사람은 없다. 배려란, 내가 아닌 그 누군가를 주인공으로 만들어주는 것이다. 만일 사람들이 나를 반복해서 찾는다면, 그것은 내가 지닌 역할을 정확히 알고 그에 맞는 임무를 수행했기 때문이다.

누군가를 빛나게 할 때 내가 더 빛난다. 하지만 많은 이들이 그 사실을 잊는다. 대화할 때도 마찬가지다. 지금부터 상대방을 가장 빛나게 만들어주는 한마디를 해보자. 우선 나와 가까이 있는 사람에게 해보는 게 어떨까?

공통점에
답이 있다

●

계좌번호 하나로
경계심 허물어트리기

두산 팬이세요? 오늘은 제가 쏩니다

스테이크집에서 저녁을 맛있게 먹고 나서는 길이었다. 발렛 파킹 부스 앞으로 가서 "주차표 주세요." 하고 말하는 중에 시선이 관리인의 모자에 멈췄다. 푸른 바탕에 익숙한 로고가 내 눈을 사로잡은 것이다.

"혹시… 두산 팬이세요?"

내가 조심스레 묻자 관리인이 반가운 듯 대답했다.

"네, 맞아요. 어릴 적부터 OB 베어스 회원이에요."

내 얼굴에도 미소가 번졌다.

"와, 정말요? 저도 팬인데!"

순식간에 친근함이 감돌았다.

"주차비랑 발렛주차비가 얼마예요?"

내가 지갑을 꺼내며 묻자 관리인이 손사래를 쳤다.

"아뇨, 그냥 가세요."

"네? 무슨 말씀이세요?"

"받으면 안 될 것 같아요. 그냥 가세요."

"하지만…."

"두산 베어스 팬을 만난 게 반가워서 그래요. 오늘은 제가 쏩니다."

몇 번이나 다시 지불하려 했지만, 관리인은 완강했다. 결국 연신 감사 인사를 하며 차에 올랐다.

상대방이 나와 공통점이 있다는 걸 알게 되면 이렇게 마음이 열리게 마련이다. 주차 관리인이 나에게 호의를 보이는 이유는 단 하나, 우리가 같은 팀의 팬이라는 것 때문이다. 이 일화는 '공통점'이 순간적으로 얼마나 강력한 연결 고리가 될 수 있는지를 보여준다. 25년간 무대에서 수많은 사람들을 만나온 나의 경험에 따르면, 공통점을 찾는 것이야말로 대화의 성공 비결이다.

로버트 치알디니 교수는 그의 저서 《설득의 심리학》에서 사람들이 호감을 느끼는 대상에게 유리하게 행동할 가능성이 높다고 했다. 그리고 호감을 느끼게 만드는 첫 번째 요소로 '공통점'을 꼽았다.

언제고 누군가를 처음 만날 때, 그 사람과의 공통점을 찾아보자. 그리고 그것을 언급해보자. 그 사소한 노력이 대화의 물꼬를 트고, 서로 간의 거리를 좁히는 열쇠가 될 것이다.

사전 조사를 하라

무대에 서면 많은 사람을 한꺼번에 만난다. 다양한 곳에서 사회를 보다 보니 적게는 50명에서 많게는 1천 명 이상을 만나기도 한다. 그렇지만 그중에 나라는 존재를 알고 있는 사람은 많아야 10퍼센트다. 그렇다 보니 무대에 올라가서 첫인사를 하면 '저 사람은 누구지?' 하는 반응이 대부분이다.

그런데 공통점이 있다고 청중들이 느끼기 시작하면 금세 내게 호감을 느낀다.

그렇다면 어떻게 공통점을 찾을 수 있을까? 방법은 의외로 간단하다. 사전 조사다. 예를 들어, 기업 강연이 예정되어 있다면 회사 홈페이지에서 로고, 대표 컬러, 대표이사 이름, 주요 제품 등을 미리 파악한다. 그리고 이 정보를 활용해 오프닝 멘트를 준비한다. 심지어 회사 로고와 같은 색의 옷을 입는 등 옷차림까지 신경 쓴다.

"안녕하세요, 여러분. 오늘 진행을 맡은 MC 이호선입니다. 3641200×××, 혹시 이게 어떤 번호인지 아시겠어요? 제 하나은행 계좌번호입니다. 저는 예금, 적금, 대출계좌까지 모두 하나은행에서 거래합니다."

하나은행 임직원 행사에서 했던 이 멘트는 단번에 청중의 경계심을 풀어주었다. 당연히 행사도 성공적으로 마무리되었다. 이처럼 상대방과의 공통점을 찾았다면, 그 소통은 이미 성공한 것이나 다름없다.

대화를 잘하는 사람은 이름부터 기억한다

●

교수님,
제 이름 모르시죠?

이름을 기억하라

대학 겸임교수 시절의 일이다. 학생 이름을 불러주면 수업의 집중도가 크게 올라가는 것을 느낀 나는 출석을 부를 때 학생 한 명한 명의 이름을 부르고 안부를 물으며 수업을 시작하곤 했다.

"자, 오늘도 출석부터 시작해볼까?"

"용석아, 어제 잘 잤니?"

"네."

"영미야, 아침밥은 먹고 왔지?"

"네~."

"희교야, 오늘은 지각 안 했네?"

"네!"

그런데 갑자기 다음 여학생 이름이 떠오르지 않았다.

"오늘 헤어스타일 좋은데?"

모른 체하며 임기응변으로 넘어갔지만, 그 학생은 바로 물어왔다.

"교수님, 제 이름이 뭐예요?"

교실에 정적이 흘렀다. 나는 침을 꿀꺽 삼켰다.

"오늘 일찍 왔구나?"

내 목소리에 당황함이 묻어났고 학생의 눈빛이 서서히 실망감 가득한 눈빛으로 바뀌었다.

"교수님, 제 이름 모르시죠? 서운해요."

"…."

지금 생각해도 아찔한 순간이다.

이름이 이렇게나 중요하다. 누군가의 이름을 부른다는 것은 '나는 당신에게 관심이 있어요.', '당신을 내가 기억하고 있어요.' 등 많은 것을 뜻하는 행위이다.

이와 관련하여 한 항공사 승무원의 일화를 살펴보자. TWA 항공사의 승무원 카렌 키어슈는 승객들의 이름을 가능한 한 많이 외워 손님을 응대할 때마다 이름을 불렀다.

"스미스 씨, 편안한 비행 되세요."

"존슨 부인, 커피 한잔 더 드릴까요?"

그러자 그녀에 대한 고객의 칭찬이 쏟아졌다. TWA 본사에 다음과 같은 한 통의 편지가 도착하기도 했다.

"존경하는 TWA 임직원 여러분, 나는 오랫동안 TWA는 타지 않았는데 이제부터는 TWA 비행기만 탈 예정입니다. 승무원 카렌 키어슈 씨를 통해 귀 항공사는 승객을 위하는 회사라는 느낌이 들었고, 나는 이 점을 높이 사고 있습니다."

그녀가 이름을 기억하고 불러주었을 때, 승객들은 진정으로 환영받는 느낌이 들었던 것이다.

내가 아는 한 사장님은 명함에 그 사람의 이미지나 특이사항을 적는다. 처음에는 왜 남의 명함에 낙서를 하나 생각했는데, 그 사람의 이미지를 더 잘 기억하기 위해서 특이점이나 관련 키워드를 적는 것이었다. 이름이나 특징을 기억하기에도 쉽고, 이것저것 메모를 해두면 나중에 다시 만났을 때 할 이야기가 생각이 나기 때문이다.

데일 카네기는 《인간관계론》에서 이름을 기억하고 사용하는 것의 중요성을 강조했다. 그는 "사람들은 자기 이름을 듣는 것을 좋아하며, 상대방의 이름을 기억하는 것은 존중의 표시"라고 말했다. 또한 상대방의 이름을 밝게 부르는 것이 그 사람과의 관계를 강화하고 소통을 원활하게 할 수 있는 좋은 방법이라고 조언했다.

상대방의 마음을 얻고 싶은가? 그럼 먼저 상대방 이름을 기억하고 호명하라. 이름이 불린 그 사람 역시 당신을 특별하게 기억할 것이다.

누군가의 이름을 기억하고 정확히 불러주는 것은 상대방의 마음을 여는 열쇠와 같다. 시인 김춘수의 시처럼 내가 그의 이름을 불러주었을 때 그는 나에게로 와서 꽃이 될 것이다.

울진과 울산, 한 글자 차이의 비극

사람의 이름뿐 아니다. 지역명 같은 정체성을 드러내는 명칭도 유의해야 한다.

경상북도 울진군의 가장 큰 행사인 울진 뮤직팜 페스티벌의 사회를 맡아 이틀 동안 진행한 적이 있다. 첫날, 기대에 부풀어 무대에 오른 나는 힘차게 첫인사를 했다.

"안녕하세요? 울진 뮤직팜 페스티벌 MC를 맡게 된 이호선입니다. 지금부터 울산 앞바다에서 대한민국 최고 가수들과 함께 재밌고 즐거운 시간 되시길 바랍니다."

그 순간, 관객석에서 웅성거림이 들렸다. 뭔가 잘못됐다는 것을 직감했지만, 이미 늦었다. 울진을 울산이라고 말해버린 것이다.

"죄송합니다. 울산보다 100배 더 살기 좋은 울진 군민 여러분을 뵙게 되어 영광입니다."

급하게 사과했지만, 이미 관객들의 마음은 닫혀버렸다. 이름을 잘못 부르는 것, 특히 지역의 이름을 잘못 말하는 것은 단순한 실수가 아니다. 그것은 그 지역과 사람들에 대한 무관심으로 받아들여질 수 있기 때문이다. 이름은 단순한 호칭이 아니라 정체성과 존중의 상징이라는 사실을 잊지 말아야 한다.

이름 잘 기억하는
노하우

상대방의 이름과 정보를 잘 기억하는 것은 관계를 형성하고 유지하는 데 아주 중요하다. 이를 위한 몇 가지 방법을 소개하겠다.

이름과 함께 특징적인 정보 메모하기 | 명함이나 스마트폰에 상대방의 이름과 특징을 기록해두자.

이름에 맞는 연상법 만들어보기 | 이름을 쉽게 외우기 위한 전략을 사용하는 것이다. 예를 들어, '민준'이라는 이름은 '민첩한 준비'라고 기억해두면 쉽게 연상할 수 있다. 이런 연상법은 이름을 기억하는 데 큰 도움이 된다. 상대방의 특징이나 취미, 직업 등을 이름과 연결 지어 기억하는 것도 좋은 방법이다.

대화 중 상대방 이름 자주 사용하기 | 상대방의 이름을 자주 사용하는 것이 중요하다. 만남이나 전화 통화 중에 상대방의 이름을 자주 부르는 것은 그들에게 친근감을 줄 뿐 아니라 기억력 향상에도 도움이 된다. 이름을 자주 사용하면 무의식적으로 그 사람에게 대한 정보를 더 잘 기억하게 되는 것이다.

첫인상보다 중요한
리액션의 힘

●

웃음이 가져다준
인연

내 말에 웃어주는 그녀

《남자의 물건》의 저자 김정운 교수의 일화다. 대학 시절 미팅을
나간 그는 테이블 맞은편에 앉은 여학생들 중 가운데 앉은 여학
생의 미모에 그만 넋을 잃고 말았다.

'와, 정말 예쁘다….'

그는 용기를 내어 말을 걸었다. 그리고 재미있고 웃긴 이야기
를 쉴 틈 없이 꺼내놓았다. 하지만 그 여학생의 표정은 변화가 없
었다.

"지난주에 제가 겪은 웃긴 일인데…."

그는 포기하지 않고 열심히 이야기를 이어갔다. 그런데 이쁜 여학생 옆에 있는 친구가 그의 이야기에 연신 까르르 웃는 게 아닌가?

"하하하! 진짜요? 정말 재밌어요!"

시간이 흐르면서 그는 자신도 모르게 웃음을 터트리는 그 여학생을 바라보며 이야기하고 있었다. 그녀의 웃음, 그녀의 리액션이 그를 더욱 신나게 했다.

미팅이 끝나고 집으로 돌아가는 길에 그의 머릿속은 예쁜 여학생이 아닌 그가 하는 모든 이야기에 까르르 웃어준 그녀로 가득했다.

결국 웃음으로 그를 사로잡은 그녀는 김정운 교수의 아내가 되었다. 웃음이 그들의 인연을 만들어낸 것이다.

이 일화는 리액션이 얼마나 중요한지를 알려준다. 리액션은 첫인상을 넘어서는 힘을 가지고 있다. 사람의 마음을 얻기 위해서는 뛰어난 외모 같은 외적인 요소보다는 상대의 말에 귀 기울이는 관심이 더 중요하다.

리액션이 중요한 이유

첫째, 리액션은 상대방에 대한 존중을 표현하는 것이다. 특히 적극적인 리액션은 "당신의 이야기에 관심이 있어요."라는 메시지를 전달한다.

둘째, 리액션은 대화를 더욱 풍성하게 만들고, 서로 간의 이해를 깊게 한다.

셋째, 긍정적인 분위기를 조성한다. 열정적인 반응은 대화의 분위기를 밝고 즐겁게 만든다.

넷째, 좋은 리액션은 강렬한 첫인상을 남길 수 있다.

따라서 적극적으로 경청하고 중요한 포인트를 기억하는 습관을 들여야 한다. 상대방을 바라보며 관심을 표현하고, "그렇군요.", "와, 정말요?" 등 공감을 표현하는 것도 좋다.

직장 내 소통은
솔직하고 당당하게

●

실장님 때문에 퇴사하고 싶어요

디자이너 이○○ 씨의 상사 스트레스 극복기

직장 내 소통의 문제로 나를 찾아온 이○○ 씨는 40대 후반의 디자이너다. 그녀는 처음에 프리랜서로 성공적인 커리어를 쌓았다. 그러다 유명 그룹의 디자인팀에 스카우트되어 직장 생활을 시작하게 되었다. 이는 분명 그녀의 뛰어난 실력을 인정받은 결과였지만 동시에 새로운 도전이기도 했다.

처음 겪는 조직 생활은 그녀에게 많은 부담과 불안을 안겨주었다. 특히 다른 직원들과의 나이 차이, 조직 문화에 대한 이해 부족, 그리고 자신의 역할에 대한 불확실성 등이 그녀를 괴롭혔다.

그녀는 특히 디자인 실장과의 관계에서 큰 어려움을 겪었다. 실장의 말 한 마디 한 마디가 마치 자신을 혼내는 것처럼 느껴졌고, 이로 인해 극심한 스트레스를 겪었다. 심지어 회사를 그만둬야 할지 고민할 정도였다.

흥미로운 점은 그녀가 나와 대화할 때는 전혀 다른 모습을 보였다는 것이다. 본인은 말을 잘 못한다고 했지만 실제로는 대화를 즐길 줄 알았고 능숙하게 말할 수 있었다.

"회사를 그만둬야 하나 고민하다가 찾아왔어요."

나는 그녀의 이야기를 주의 깊게 듣고는 말했다.

"지금 제게 말씀하시는 모습을 보세요. 얼마나 유창하고 자신감 있게 말씀하시는지 아세요?"

그녀는 눈을 크게 떴다.

"네? 저는 말을 잘 못하는데요…."

"아니요, 전혀 그렇지 않아요. 오히려 말하는 걸 즐기시는 것 같은데요?"

"그런가요? 코치님과 이야기하는 건 편해서…."

문제는 말하기 자체가 아니라 특정 상황에서의 심리적 압박감이었다. 나는 먼저, 그녀의 가치를 상기시켜 주었다.

"당신의 실력을 인정받아 유명기업 디자인팀으로 스카우트된 겁니다. 만약 실력이 없다면 취업할 수 있었을까요?"

이어서 실제적인 조언을 해주었다. 실장과 대화할 때의 자세, 목소리 톤, 그리고 자신감 있는 태도에 대해 설명했다.

"책상 앞에 앉아 있을 때 실장님이 와서 위에서 내려다보며 이야기한다면, 앉아 있는 사람은 올려다보며 위축될 수밖에 없어요. 그런 경우 일어나서 나란히 서서 대화를 해보세요. 그리고 말을 할 때는 가슴을 펴고, 머리 위로 누군가가 당기는 것처럼 몸을 바르게 세워보세요. 자세만 살짝 바꿔도 마음이 훨씬 편해집니다. 이렇게 하면 상대방 이야기가 공격적으로 들리지 않을 수도 있어요. 애초에 실장님은 공격하려는 의도가 아닐 수도 있으니까요. 한번 편하게 물어보세요. 서로 대화를 해보시면 좋겠어요."

그녀는 1주일 후에 다시 나를 찾았다.

"실장님께 솔직히 말했어요. 너무 무섭다고요."

그러자 실장님은 조만간 팀원들과 다 같이 저녁식사를 하며 편하게 이야기하는 시간을 갖자고 했다고 한다.

"그리고 몸을 바르게 세워 당당한 자세로 이야기하는 게 왜 중요한지 알게 됐어요. 왠지 자신감이 생기고, 눈을 보며 이야기하니 대화에 집중하게 되더라고요."

직장 생활에서 겪는 어려움은 대부분 소통의 문제에서 시작되며, 이를 해결하는 열쇠는 우리 자신에게 있다. 자신을 믿고, 솔직하게 소통하며, 변화를 시도하다 보면 한층 더 성장할 수 있을 것이다.

후배나 부하직원과
소통하는 법

●

인정하고 존중하고
감사하라

지시는 부드럽게 요청하듯

후배나 부하직원에게 업무 지시를 내릴 때, 그 말하는 방식이 팀 전체의 분위기와 관계에 큰 영향을 미친다. 예를 들어, 치과의사는 진료를 할 때 위생사에게 여러 가지 지시를 내리게 된다. 이러한 지시는 진료의 원활한 진행을 위해 필수적이지만, 그 전달 방식에 따라 진료실의 분위기가 크게 달라질 수 있다.

예를 들어, 라이트를 잘 비추어 달라고 요청할 때 "라이트!"라고 짧게 명령하듯 말하는 것보다, "잘 안 보이네요. 라이트 좀 잘 맞춰줄 수 있을까요?"라고 부드럽게 요청하는 것이 훨씬 효과적이다. 존중과 배려가 담긴 말 한마디는 상대방에게 일을 더 잘하고자 하는 동기를 부여한다. 권위적인 태도 대신 협력적인 태도를 취할 때 더 좋은 결과를 얻을 수 있다는 것을 꼭 기억해야 한다.

습관처럼 감사를 표현하라

라이트가 잘 맞춰져서 시야 확보가 잘 되었을 때, "아, 이제 잘 보이네요. 고마워요. 덕분에 잘 보여요."라고 감사의 마음을 표현하는 것도 중요하다. 이는 단순한 감사 표현을 넘어, 함께 일하는 동료의 기여를 인정하고, 그가 팀의 중요한 일원임을 느끼게 해준다.

물론, '진작에 라이트 잘 맞춰줬으면 그 말 할 일도 없잖아?'라고 생각할 수도 있다. 하지만 중요한 것은, 그가 라이트를 잘 맞춰줌으로써 내가 진료에 더욱 집중할 수 있게 되었고, 만약 그가 없었다면 내가 해야 할 일이기 때문에 충분히 고마운 일이라는 점이다.

상대방의 행동에 감사한 마음을 가지면, 감사한 일들이 더 많이 떠오르게 되고, 자연스럽게 긍정적인 관계를 구축할 수 있다. 반대로, 그의 단점만을 보려고 하면, 그 사람의 잘못된 점이나 부족한 면만 눈에 들어오게 된다. 이는 결국 팀의 사기 저하로 이어질 수 있으며, 팀워크를 해치게 되는 결과를 낳는다.

따라서 후배나 부하직원에게 말할 때는 항상 그들의 기여를 인정하고, 존중과 감사의 마음을 표현하는 것이 중요하다. 이는 단순히 팀의 효율성을 높이는 것을 넘어 서로의 관계를 깊이 있게 만들어주며, 함께 성장할 수 있는 기반이 된다. 또한 리더 자신의 스트레스를 줄이고 직장 생활의 만족도를 높이는 데도 도움이 된다.

격려는 어떻게
사람을 움직이는가

•

좋은 치과의사에게 배우는
따뜻한 격려

공감이 필요한 순간

리더가 팀원들을 격려하는 방법은 치과의사가 환자를 치료할 때 사용하는 공감과 이해의 방법과 매우 유사하다. 리더로서, 팀원들이 겪는 어려움과 불편함을 인정하고 공감하는 능력은 깊은 신뢰를 구축하는 데 중요한 역할을 한다. 이 공감의 힘은 진심으로 상대방의 상황을 이해하고, 그들의 입장에서 생각하려는 마음에서 나온다.

예를 들어, 치과에서 치료를 받는 환자는 종종 불편함과 두려움을 느낀다. 치과의사가 "힘드시죠⋯. 맞아요. 치과 치료가 편하진 않아요."라고 말하면, 환자는 자신의 불편함을 이해받고 있다는 느낌을 받게 된다. 또한 이 간단한 공감의 표현은 환자가 치과의사를 신뢰하게 만들고, 치료 과정에 더 협조적으로 임하게 한다. 자신이 이해받고 있다는 것을 느끼면서 마음의 부담을 덜게 되고, 치료 과정에 더 적극적으로 참여할 수 있게 되는 것이다.

리더도 마찬가지로, 팀원들이 겪는 어려움과 도전에 대해 공감하고 이해하는 것이 중요하다. "이 프로젝트가 쉽지 않다는 걸 알아요."라는 말은 팀원들에게 리더가 그들의 상황을 이해하고 있으며, 함께 해결책을 찾고자 한다는 메시지를 전달한다. 팀원들은 이런 말을 듣고 자신이 존중받고 있으며, 그들의 노력이 인정받고 있다는 느낌을 받게 된다. 이러한 공감은 팀원들이 리더를 신뢰하게 만들고, 팀 전체가 어려운 상황을 극복하는 과정에서 강한 결속력을 형성하게 한다.

언제나 어려움을 함께 해결하겠다는 증표

리더로서 팀원들에게 지원을 제공하고 격려를 하는 것은 팀원들의 성공을 돕고 조직의 성과를 높이는 데 있어 매우 중요하다.

"힘드시면 언제든지 손을 드세요. 제가 그거 보고 멈출게요."라는 치과의사의 말은 환자가 불편함을 느낄 때 언제든지 도움을 요청할 수 있음을 알려준다. 이 간단한 표현은 리더십에서도 마찬가지로 적용될 수 있다. 리더가 팀원들에게 어려움이 있을 때 언제든 도움을 요청할 수 있다는 메시지를 전달하는 것은, 팀원들이 리더를 신뢰하고 더 나은 성과를 내는 데 중요한 역할을 한다.

힘든 프로젝트를 수행하는 직원에게, "어려운 점이 있으면 언제든 이야기해요. 적극적으로 지원할게요."라고 말한다면, 이는 단순한 격려를 넘어서, 실제로 팀원들이 도움을 요청할 수 있는 안전망을 제공하게 된다. 이러한 따뜻한 말은 팀원들이 자신이 혼자가 아니라는 느낌을 받게 한다.

또한 리더가 팀원들에게 언제든지 도움을 요청할 수 있다는 메시지를 전달하면, 팀원들이 자신의 한계를 인정하고 적절한 지원을 하는 환경이 조성된다.

누구나 칭찬과 인정을 갈망한다

"정말 잘 하셨어요. 잘 도와주신 덕분에 빨리 끝났어요. 고생하셨어요."

환자는 힘든 치료를 잘 마쳤을 때, 이러한 칭찬을 들으면 자신이 그 과정을 잘 이겨냈다는 뿌듯함을 느끼게 된다. 이는 환자에게 치료 과정에서의 불편함을 이겨냈다는 자부심을 심어주며, 다음 치료에 대한 두려움을 줄일 수 있다.

이렇게 상대방의 노력을 인정하고 칭찬하는 말은 그들이 한 일에 대한 가치를 전달하고, 그들의 자존감을 높이는 데 큰 역할을 한다.

리더들이 이러한 칭찬과 인정의 방식을 활용하면 팀의 사기와 생산성을 크게 향상시킬 수 있다. 팀원들은 자신의 노력이 인정받고 그 가치를 인정받는다고 느낄 때 더 큰 동기부여를 얻고, 자신의 역할에 자부심을 느끼게 된다. 예를 들어, "이 프로젝트 정말 잘 마무리했어요. 덕분에 우리가 목표를 달성할 수 있었어요." 라는 리더의 칭찬은 팀원에게 그들의 기여가 조직의 성공에 중요한 역할을 했음을 상기시켜준다.

칭찬과 인정은 또한 팀 내에서 긍정적인 문화를 조성하는 데 필수적이다. 팀원들이 서로의 성과를 인정하고 칭찬하는 분위기가 형성되면 협력과 상호 존중이 자연스럽게 이루어진다. 이러한 문화를 주도해야 하는 사람이 바로 리더이다.

긍정적 관점을 유지하라

치과 치료를 받는 환자의 스타일도 각양각색이다. 지시대로 잘 따라주지 않는 환자도 있고, 구역반사가 심해 벌떡벌떡 일어나는 환자도 있을 것이다. 이런 상황에서 치과의사가 '이 사람은 날 왜 이렇게 힘들게 하는 거야?'라고 부정적으로 생각한다면, 그 생각은 곧 태도로 나타나고, 치료 내내 불편한 분위기가 형성될 것이다. 환자도 이미 힘든 상황인데 의사의 짜증까지 느낀다면, 더 힘들고 불쾌하게 느껴질 것이다. 그러나 이러한 상황에서 긍정적 관점을 유지하고 역지사지의 마음으로 환자를 이해한다면, 치료 과정이 훨씬 더 원활해지고 환자와 의사 모두에게 긍정적인 경험으로 남게 된다.

조직의 리더도 마찬가지이다. 팀원들이 예상대로 따라주지 않거나, 일하는 방식이 마음에 들지 않는다고 해서 '왜 일을 이렇게밖에 못 할까?' 하고 못마땅하게 생각한다면, 그 부정적인 감정은 팀원들을 대하는 태도와 행동에 반영된다.

예를 들면, "이 대리, 이걸 보고서라고 썼어요?"라고 화를 내며 얘기하면 팀원의 사기를 저하시키고, 자신감에 상처를 입힐 수 있다. 이러한 표현은 문제를 해결하기보다는 갈등을 초래하고 오히려 팀원들이 더 나은 성과를 내는 데 방해가 될 뿐이다.

반면, 긍정적 관점을 유지하는 리더는 같은 상황에서도 감정적으로 얘기하지 않는다. 예를 들어, "이 대리, 보고서 작성이 쉽지 않았을 텐데 수고 많았어요. 몇 가지 보완할 점이 보이는데 함께 개선해볼까요?"라는 말은 팀원의 노력을 인정하면서도 개선의 여지를 제시하는 긍정적인 피드백이다. 이렇게 말하면 팀원은 자신의 노력에 대한 인정을 받으면서도 개선해야 할 부분을 명확히 이해하고 더 나은 성과를 낼 동기를 얻게 된다.

긍정적 관점을 유지하는 것은 리더십의 핵심이다. 굳이 말하지 않아도 내가 원하는 것을 알아채줬으면 좋겠다고 생각하며 가만히 앉아서 감시하듯 권위적인 태도를 취하는 리더를 따르고 싶은 사람은 아무도 없다. 리더는 팀원들의 어려움을 이해하는 말, 그들을 인정하는 말, 긍정적인 에너지를 전달하는 말로 팀원들이 사기를 높이고 더 나은 성과를 내도록 이끌어가야 한다.

50대를 위한
말하기 기술

●

'나다움'과 '시대의 흐름' 사이에서

나는 이렇게 생각해봤어. 너는 어떻게 생각해?

50대의 말하기는 '나다움'과 '시대의 흐름' 사이의 균형을 찾는 예술이다. 우리의 경험을 바탕으로 하되, 새로운 아이디어에 열린 자세를 가지는 것이다.

50대에겐 20대, 30대에겐 없는 특별한 것이 있다. 바로 풍부한 인생 경험이다. 우리는 인생의 절반을 살아오면서 많은 것을 보고, 듣고, 경험했다. 이 경험은 우리의 말에 깊이와 무게를 더해준다.

직장에서 겪은 성공과 실패의 순간들, 가정에서의 부모로서의 역할, 다양한 인간관계에서 얻은 통찰…. 이 모든 것이 우리의 스토리이며, 자산이다.

하지만 우리의 경험만이 전부라고 생각하면 안 된다. 젊은 세대의 이야기에도 귀 기울여야 한다. 그들의 신선한 아이디어와 열정은 우리에게 새로운 시각을 제공한다.

요즘 20대, 30대 후배들과 이야기를 나누다 보면 세상을 바라보는 그들의 시선이 얼마나 흥미로운지 모른다. 나와는 다른 환경에서 성장한 그들의 발랄한 아이디어와 참신한 생각을 들을 때마다 나는 놀라움과 감탄을 금치 못한다. '어떻게 이런 생각을 할 수 있을까?' 하고 말이다.

때로는 그들의 고민에 공감하며 함께 해결책을 찾아가기도 한다. 이럴 때는 소위 "나 때는 말이야!"라고 가르치려 드는 게 아니라, "그럴 때 나는 이렇게 생각해봤어. 너는 어떻게 생각해?"라고 대화를 나누는 것이 중요하다. 이렇게 대화하다 보면 그들이 가진 생각과 관점을 존중하면서 나도 조금씩 그들의 시선으로 세상을 바라보게 된다. 또한 이러한 교감을 통해 시야가 넓어지고, 나의 경험이 다시금 새로운 의미를 갖게 된다. 소통의 과정에서 배우고 성장하는 것은 우리의 후배들만이 아니라 우리 자신도 마찬가지이다.

간결하게 말하라

나이가 들수록 자연스럽게 이야기가 길어지곤 한다. 경험한 것들이 많으니 설명하고 싶은 것도 많고, 전하고 싶은 메시지도 많기 때문이다. 하지만 문득 이런 생각이 들 때가 있다. '말이 길어질수록, 내가 전하고자 하는 핵심이 흐려지지는 않을까?'

짧은 한마디가 장황한 설명보다 더 강력할 때가 있다. 간결한 한 문장은 때로 수많은 단어보다 더 깊은 울림을 준다. 그래서 우리는 욕심을 내려놓고, 더 간결하게 말하는 연습을 해야 한다. 내 생각을 한 문장으로 요약할 수 있는 능력은 말을 더 명확하고 인상적이도록 만들어준다.

매일 밤, 그날 있었던 일 중 가장 중요한 것을 한 문장으로 요약해보는 것은 어떨까? 하루를 마무리하며 가장 중요한 순간을 한 문장으로 정리해보는 것은 생각을 정리하는 데도 도움이 된다. 짧은 문장으로 하루를 정리하다 보면 자연스럽게 중요한 메시지를 간결하게 전달하는 능력이 길러질 것이다.

사람들은 복잡한 설명보다 간결한 한 문장을 더 오래 기억한다. 간결함 속에는 명확함이 있고, 명확함 속에는 진정성이 담겨 있기 때문이다. 결국, 말의 길이보다 중요한 것은 그 말 속에 담긴 진정성과 핵심이라는 것을 기억해야 한다.

나이가 들수록 잃지 말아야 할 것은 유머

세월이 흘러가며 우리는 더 진지해지고 쉽게 정색하기 쉽다. 인생의 무게가 늘어나기 때문이다. 웃음과 농담은 점점 줄어들고, 말한 마디 한 마디에 더 많은 책임감을 느끼게 된다. 그러나 끝까지우리가 잃지 말아야 할 것이 바로 유머이다. 우리의 삶을 더 풍요롭게 하고, 사람들과의 관계를 더 따뜻하게 만들어주는 힘을 지니고 있기 때문이다.

유머는 겸손함을 보여주는 중요한 수단이기도 하다. 유머를통해 우리는 자신을 낮추고, 타인과 대화를 할 때 더 편안하고 친근한 분위기를 만들 수 있다. 사람들은 너무 진지하고 무게를 잡는 사람보다는, 가벼운 농담을 던질 줄 알고 스스로를 비판할 줄아는 사람에게 더 쉽게 다가간다.

무엇보다도 유머는 사람들 간의 거리를 좁혀준다. 특히 문화가 다른 다양한 세대와의 소통에서 유머를 전략적으로 활용하면적지 않은 효과를 낼 수 있다. 가벼운 농담은 편안한 분위기를 만들어주며 세대 간의 차이를 좁히고 서로를 이해하는 데 큰 도움을 준다.

유머는 우리의 삶을 더욱 풍요롭게 하고 관계를 깊이 있게만들어준다. 많은 사람들과 진심으로 소통할 수 있는 분위기를만드는 방법이기도 하다.

그래서 나이와 함께 간직해야 할 것은 바로 유머이다. 유머를 통해 더 겸손하고, 더 인간적이며, 더 따뜻한 사람이 될 수 있다. 가벼운 농담으로 딱딱한 분위기나 자리가 주는 무게를 덜어낼 수 있는 사람이야말로 대화를 리드하는 고수이다.

세상과 나를 연결해주는 통로, SNS와 친구가 되자

SNS가 우리 일상 속 깊숙이 자리 잡은 지금, 줌, 유튜브 쇼츠 같은 단어들이 불편하다면, 그것은 곧 우리가 소통에 어려움을 느끼고 있다는 신호일지도 모른다. SNS는 이미 우리의 일상이 되었기 때문이다. 그 공간은 세계 많은 사람들이 자신의 목소리를 내고, 서로 세상과 연결되는 중요한 공간이다. 가볍고 자극적인 내용도 오가기도 하지만 그 안에 담긴 새로운 문화와 소통의 가치는 결코 가볍지 않다.

중요한 것은, 이러한 문화가 그저 지나가는 것이 아니라, 우리가 반드시 마주해야 할 변화라는 사실이다. 이 변화는 우리가 어떻게 세상과 연결되고 소통하는지를 결정짓는 중요한 요소가 되었다.

시대의 새로운 소통방식의 변화에 적응하기를 게을리하면서 누구와도 원활하게 소통하고 대화하기를 바라는 것은 욕심이다. 새로운 소통 방식을 배우는 것, 그 자체가 하나의 메시지다. "나는 아직도 새로운 문화에 발맞추기 위해 배우고 있다."라는 메시지 말이다. 이는 변화에 적응할 수 있고, 계속해서 성장하고 있다는 것을 보여준다.

우리는 여전히 배울 수 있고, 새로운 것을 받아들일 수 있다. 그 과정을 통해 우리는 더 넓은 세상과 더 깊이 연결될 수 있을 것이다.

적게 얘기하고 많이 들어라

경험이 많다는 것은 삶의 여러 면을 깊이 이해할 수 있는 능력을 갖추었다는 뜻이다. 풍부한 경험은 '내가 겪은 것이 무조건 옳다'는 자만으로 이어지지 않는다면, 사람들의 다양한 이야기에 공감할 수 있는 깊은 이해를 가져다준다.

말하는 것만큼 중요한 것이 듣는 것이다. 누구나 자신의 이야기를 들어주기를 원하고 이해받고 싶어한다. 자기 얘기만 장황하게 늘어놓는 사람과 이야기하고 싶어 하는 사람은 아무도 없다. 친구들과 오랜만에 만났는데, 서로 자기 얘기만 늘어놓느라 바쁘다면 공감이나 교감이 없는 공허한 자리가 될 것이다.

다른 사람의 이야기에 진심으로 귀 기울이고 공감해주자. 특별한 이야기를 하지 않아도 된다. 귀 기울여 듣고 "당신의 이야기를 들으니 제 경험이 떠오르네요. 정말 힘들었겠어요."라고 말해주는 것만으로도 충분하다. 상대방의 이야기를 들을 때야말로 나의 50년 인생이 만들어낸 여유로움과 깊은 이해가 빛을 발휘하는 시간이다.

지금, 남의 말을 끊고 내 얘기만 끊임없이 하고 있는 사람이 혹시 내가 아닌지 생각해보자. 그리고 떠올려보자. 최근 누군가의 이야기에 진심으로 귀 기울여 본 적이 있는가?

꼰대어
파헤치기

●

내가 꼰대면 어쩌지

꼰대라고 불리고 싶지 않은 꼰대들

누군가의 선배나 상사인 50대쯤 되면 '내가 꼰대면 어쩌지.' 하는 걱정을 하게 마련이다. '꼰대'란 무엇일까? 국립국어원 표준국어 대사전에 따르면 꼰대는 은어로 '늙은이'를 이르는 말이자, 학생들의 은어로 '선생님'을 이르는 말이라고 정의한다. 즉 권위를 행사하는 어른이나 선생님을 비하하는 뜻을 담고 있다.

그러나 우리는 나이와 상관없이 때때로 꼰대처럼 보일 수 있다. 만약 대화 중에 종종 "내가 다 해봐서 아는데, 이렇게 해야 돼."

라고 단정 짓는다면, 상대방은 속으로 '또 시작이구나.'라고 생각할 것이다. 여기에 "다 너 잘되라고 하는 소리야."라고 대화를 마무리한다면 여지없이 당신은 꼰대로 비치게 된다.

그럼 꼰대가 되지 않기 위해서는 어떻게 해야 할까? 일단 매일 쓰는 언어와 대화 방식을 바꾸는 데서 시작해야 한다. 무엇보다 단정 짓는 말투를 피해야 한다. "내가 해봐서 아는데", "그건 틀렸어.", "이렇게 해야 해." 같은 말은 상대방에게 거부감을 줄 수 있다. 이런 말들은 상대방에게 자신의 의견이 존중받지 못한다고 느끼게 하며, 대화의 흐름을 끊어버린다. 대신, "내 경험상 이런 방법도 있더라.", "이렇게 해보는 건 어때?"라고 제안하는 방식으로 말해보자. 이런 접근은 상대방에게 선택권을 주고, 대화를 더 유연하게 만든다.

예전에 큰 행사를 진행할 때 후배에게 "이렇게 해야 돼."라고 말한 적이 있다. 나는 이 방법이 옳다고 확신했지만, 후배는 나의 방식에 대해 충분히 이해하지 못했고 결국 프로젝트는 지연되고 말았다. 그 후로 나는 "내가 해봤을 때 이런 방법도 효과적이더라. 너는 어떻게 생각해?"라고 말하는 습관을 들였다. 이렇게 질문을 던지면, 후배의 생각을 존중하면서도 나의 경험을 공유할 수 있었다. 이런 방법은 후배와의 대화를 더 활발하게 만들었고 결국 더 나은 결과를 만들어냈다.

여기에 더해 상대방의 의견을 진심으로 경청하는 것도 중요하다. 대화를 할 때 상대방의 말을 중간에 끊지 않고 끝까지 들어주는 태도는 그들이 존중받고 있다고 느끼게 한다. "네 의견이 중요해. 한번 들어보자."라는 말로 상대방에게 귀 기울이고 있다는 것을 알려주고 눈을 바라보며 경청해보자. 이는 서로 존중하는 분위기를 형성하고, 더 나은 대화를 이끌어낸다.

공감의 언어 사용하기

꼰대가 되는 가장 큰 이유는 공감능력 부족일 것이다. 공감을 잘하는 사람이 폭력적인 대화나 강압적인 말로 다른 사람의 열정이나 창의성을 무시하고 나의 의견만이 옳다고 주장하기는 어렵다. 반대로 공감을 못하는 사람이 '말이 통하는 사람'일 리가 있을까?

만약 꼰대라고 불리는 게 억울하다면 시선을 타인이 아닌 나에게 돌려보자. 내 대화법이나 공감능력에 문제가 있지는 않은지 말이다.

"요즘 애들은 책임감이 없어."

"우리 때보다 훨씬 편한 세상에서 살면서 뭐가 불만이야?"

이렇게 나에게는 문제가 없고 상대방에게 전적으로 문제가 있다고 단정짓는 것 자체가 꼰대로 가는 길이자 나를 상대와 단절시키는 방식이다.

일보다 사람이 힘든 직장인이 많은 이유도 이 공감의 부족 때문이다. 그렇다면 어떻게 해야 할까?

"왜 그렇게 생각하는지 궁금해."

"여러 가지 어려움이 있겠구나. 어떤 점이 힘든지 말해줄래?"

이렇게 공감의 언어로 표현하는 것은 상대방에게 '당신의 감정을 이해하고 있으며, 그 감정이 중요하다고 생각한다.'는 메시지를 전달한다. 이는 상대방이 자신이 존중받고 있다고 느끼게 하고, 대화의 장벽을 허물며, 더 나은 소통을 가능하게 만든다.

공감의 언어를 통해, 우리는 상대방의 입장에서 생각하고, 그들의 감정에 진심으로 동참할 수 있다. 이는 단순히 꼰대처럼 보이지 않기 위해서가 아니라, 더 나은 인간관계를 구축하고 서로를 이해하는 데 있어서 필수적이다.

긍정적인 표현으로 피드백 주기

한 번은 후배가 프로젝트에서 실수를 했을 때, "이거 왜 이렇게 했어?"라고 물어본 적이 있다. 그 순간 후배는 당황하고 불안해하는 모습을 보였다. 그때 나는 중요한 것을 깨달았다. 나는 선배로서 가르쳐주려는 의도로 말했지만, 후배에게는 지적하고 비난하는 것처럼 들렸다는 사실이다.

이후로 나는 피드백을 줄 때 더 신중해지기로 했다. 예를 들어, "이 부분에서 이런 점을 더 다듬으면 좋겠어."라고 긍정적인 표현을 쓰는 것이다. 이런 말투는 실수를 지적하는 대신 개선의 여지를 제시하며, 후배가 더 나은 결과를 만들어낼 수 있도록 돕는 방향으로 대화를 이끌어간다.

덕분에 후배는 더 편안하게 의견을 받아들이고 실수를 교정하려는 의지도 강해졌다. 비난이 아니라 도움을 받는다는 느낌을 받으며 더 나은 방향으로 성장할 수 있는 기회를 얻게 된 것이다. 또한 이런 피드백 방식은 신뢰 관계를 구축하는 데도 큰 도움이 된다. 피드백을 받는 사람은, 자신이 존중받고 있으며, 자신의 발전을 진심으로 응원하는 선배가 있다는 것을 느끼게 되기 때문이다.

문제를 함께 해결하는 태도를 취하는 것도 효과적이다. "이 문제를 어떻게 해결할 수 있을까? 함께 생각해보자."라고 말하면 상대방은 자신을 동등한 파트너로 대하고 있다고 느끼게 된다. 이는 상대방에게 책임감을 부여하고 자신의 생각을 자유롭게 표현할 수 있도록 도와준다.

이렇게 관계의 우위를 점한 사람은 늘 자신의 말이 얼마나 상대방에게 큰 영향을 미칠 수 있는지 알아야 한다. 누군가의 선배나 상사로서, 말하기 전에 한 번 더 생각하는 신중함이 필요한 이유이다.

경험을 나누되 강요하지 않기

마지막으로, 자신의 경험을 나누는 것은 좋은 일이지만 그 경험을 강요하지 않는 것이 중요하다. 사람마다 경험과 관점이 다르기 때문에 내가 겪은 일이 상대방에게 똑같이 적용될 거라고 생각하는 것은 위험하다.

한번은 친구가 새로운 취미를 찾고 싶어했을 때, "나도 예전에 그거 해봤어, 재미없더라."라고 말한 적이 있다. 그 말을 들은 친구는 어깨를 축 늘어뜨리며 "아… 그런가?"라고 했다. 그 순간, 나는 내가 경험을 공유하는 방식이 잘못되었음을 깨달았다. 나의 말이 친구에게는 강요처럼 들렸고, 그로 인해 친구의 의욕이 꺾였던 것이다.

이후로 나는 경험을 나눌 때 "내가 해봤을 땐 이랬는데, 너는 다를 수도 있어."라고 말하며, 상대방의 선택을 존중하려고 한다. 이렇게 하면 나의 경험을 참고할 수 있게 하면서도 상대방이 자신만의 결정을 내릴 수 있는 여지를 남겨준다. 또한 상대방에게 그들의 판단을 존중하는 태도를 보여준다.

사람들은 각자 다른 방식으로 경험을 받아들이고 다른 결과를 얻을 수 있다. 내가 했던 경험이 상대방에게 꼭 같은 방식으로 적용된다는 법은 없는 것이다. 결국, 경험 공유의 핵심은 '균형'이다. 우리의 경험에서 얻은 지혜를 나누되 그것이 절대적인 진리가 아님을 인정하는 것이다. 이런 균형 잡힌 태도는 더 풍부하고 의미 있는 대화를 이끌어낸다.

이러한 접근 방식은 단순히 꼰대냐 아니냐를 넘어서, 우리의 경험과 지혜를 효과적으로 공유하면서도 젊은 세대와 상호 존중하는 관계를 만들어가는 데 큰 도움이 된다.

PART 2

감정에 휘둘리지 않는
소통의 말습관

아무도 상처받지 않는 거절법

●

마음을 헤아리는 말 한마디

아들에게 말하기를 배우다

어느 평범한 저녁, 우리 가족은 여느 때처럼 식탁에 둘러앉았다. 아내가 정성껏 끓인 계란국 냄새가 주방을 가득 채웠다. 나는 아내의 얼굴에서 기대감을 읽을 수 있었다.

"자, 오늘은 특별히 계란국을 끓여봤어요."

아내의 목소리에도 설렘이 묻어났다. 평소 요리에 서툰 아내였지만, 이번엔 정말 열심히 노력한 게 느껴졌다.

그런데 숟가락으로 한 모금 떠먹는 순간, 미간이 찌푸려졌다.

그리고 나도 모르게 실수를 저지르고 말았다.

"어라? 이게 무슨 맛이지? 좀 이상한데. 이거 하려고 1시간 동안 준비한 거예요?"

말이 끝나기 무섭게 나는 후회했다. 아내의 얼굴이 순식간에 굳어지더니 점점 붉게 변하는 것이다. 아내가 화를 참기 위해 애쓰는 게 보였다.

그런데 무거운 침묵이 내려앉은 이때, 우리 아들이 살짝 미소를 지으며 아내를 바라보더니 이렇게 말하는 게 아닌가?

"엄마, 엄마가 해주시는 음식은 항상 맛있어요. 근데 요즘 제가 국을 잘 못 먹겠더라고요. 먹고 싶은데 어떻게 해야 하죠?"

아들의 이 말에 아내의 굳었던 표정이 순식간에 풀어졌다. 아들은 엄마의 마음을 다치지 않게 하면서도 국을 먹기 어렵다는 뜻을 부드럽게 전달했던 것이다. 이내 아내의 얼굴에 살짝 미소가 번졌다. 아들의 진심 어린 말에 고마움을 느낀 것 같았다. 동시에 상황을 이해한 듯 작은 한숨을 내쉬었다.

"그래? 다음엔 네가 좋아하는 걸로 해줄게."

아내는 웃으며 아들의 머리를 쓰다듬었다.

때로는 직접적이고 솔직한 말보다 상대방의 마음을 헤아리는 말 한마디가 얼마나 큰 힘을 갖는지 깨닫는 순간이었다. 가끔씩 이렇게 나는 아들에게 말하기를 배우곤 한다.

아무도 상처받지 않는 센스 있는 거절법

50대에 접어들면 직장에서의 책임, 가정에서의 역할, 그리고 사회적 네트워크 등으로 인해 다양한 요청과 제안을 받게 된다. 이런 상황에서 상대방의 마음을 배려하면서도 자신의 입장을 분명히 하는 거절의 기술은 매우 중요하다.

이금희 아나운서의 다음 사례는 우리에게 좋은 거절의 본보기가 된다.

이금희 아나운서는 프리를 선언한 이후로 섭외나 부탁을 많이 받는다. 수많은 제안이 버겁고 힘들 법도 하지만 그녀는 그 자리에서 바로 거절하는 법이 없다.

"좋은 제안 고맙습니다. 그런데 제가 체크해야 할 게 있어서 내일까지 확인하고 연락드려도 될까요?"

그녀는 이렇게 말하고 시간을 번다. 그러곤 다음 날 전화해서 말한다.

"죄송합니다. 시간을 내서 꼭 참석하고 싶은데 선약된 일정과 겹쳐서 갈 수가 없네요. 너무 아쉬워요."

단칼에 거절하면 상대방이 상처를 받을 수 있다. 하루, 이틀 뒤로 거절을 미루는 것이야말로 그녀의 센스 있는 노하우다.

거절은 피할 수 없는 일상의 한 부분이지만, 그 방식에 따라 관계를 더 돈독하게 만들 수도 있다. 상대방의 마음을 헤아리고,

존중하는 태도로 접근한다면 거절의 순간도 서로를 이해하는 기회가 될 수 있는 것이다.

누군가의 제안을 거절해야 한다면 잠시 멈추고 생각해보자. 어떻게 하면 상대방의 마음을 헤아리면서도 내 의사를 전달할 수 있을지를 말이다. 그것이 바로 진정한 소통의 시작점이 될 것이다.

50대의 삶에서 이러한 소통 능력은 더욱 중요해진다. 경험과 지혜를 바탕으로 더욱 원숙한 대인관계를 구축할 수 있는 시기이기 때문이다. 센스 있는 거절법을 통해 삶의 균형을 유지하면서도 타인과의 관계를 더욱 깊고 의미 있게 발전시켜 보자.

거절하는
노하우

지혜로운 거절이란 자신과 타인 모두를 존중하는 것이다.
거절하는 방법 몇 가지만 기억해두면 더 건강한 관계를 유지
하는 데 도움이 될 것이다.

즉시 거절하지 않는다 | "조금 시간을 주시면 확인 후 연락
드리겠습니다."처럼 말하여 즉각적인 거절 대신 시간을 두어
상대방의 감정을 고려한다.

감사와 존중의 마음을 표현한다 | "좋은 제안 감사합니다."
와 같이 제안에 대한 감사를 표함으로써 상대방의 노력을
인정한다.

상황을 설명한다 | "기존 일정과 겹쳐 참석이 어렵습니다."처

럼 직접적인 '아니오' 대신 상황을 설명하여 간접적으로 거절
한다.

미래의 가능성을 열어둔다 | "다음 기회에 꼭 함께하고 싶
습니다."와 같이 말하여 이번에는 어렵지만 다음 기회에 대
한 여지를 남긴다.

정중하게
부탁하는 방법

●

작은 표현의 차이가 만드는
큰 변화

거기 불 좀 꺼

신혼 초, 소파에 편하게 앉아 TV를 보고 있던 나는 세탁실에 불이 켜져 있어서 전등 스위치 근처에 있는 아내에게 말했다.

"거기 불 좀 꺼요."

주방에 있던 아내가 고개를 돌렸다.

"뭐라고요?"

아내의 목소리에 약간의 불편함이 묻어났다. 나는 고개를 갸우뚱했다.

"아, 불… 좀 꺼달라고요. 자기가 스위치 옆에 있잖아요."

아내는 한숨을 내쉬었다.

"우리 이야기 좀 해요. 필요한 일은 스스로 하는 것이 원칙이 잖아요. '당신이 '꺼!'라고 말하면, 마치 명령하는 것 같아요. 그래서 기분이 안 좋아진다고요."

나는 어리둥절한 표정을 지었다.

"그냥 평범하게 말한 건데…."

"이렇게 말해보는 건 어때요? '여보, 스위치에 가까이 있으니 불 좀 꺼줄래요?' 이렇게 말하면 내가 선택할 수 있는 느낌이 들어요. 강요가 아니라 부탁받는 기분이 들죠."

아내의 얘기를 듣고 나는 명령이 아닌 부탁으로, 선택의 여지를 주는 부드러운 표현으로 이야기하겠다고 약속했다.

물 좀 가져다줄 수 있어?

며칠 후, 나는 물이 마시고 싶어 주방에 있던 아내에게 말했다.

"혹시 주방에 가까이 있으면 물 좀 가져다줄 수 있어요?"

"물론이죠!"

이러한 대화의 변화는 나의 신혼 생활을 더욱 달콤하게 만들었다. 물론 처음에는 이런 말투가 어색하고 불편하게 느껴졌다. 하지만 이것이 곧 상대방을 배려하는 행동임을 깨달았다. 명령조

로 말하면 그 내용과 상관없이 상대방의 기분을 상하게 할 수 있
다. 반면 '~해줄래?'라고 물으면 상대방에게 선택권을 주게 되며
지시가 아닌 부탁을 받은 느낌이 들어 한결 너그러운 마음이 생
긴다. 이런 작은 표현의 차이가 상대방의 감정을 존중하고 관계
를 더 부드럽게 한다.

지금까지 여러 가지 부탁하는 방법에 대해 살펴봤지만 사실
핵심은 간단하다. 내가 듣고 싶은 말로 상대방에게 요청하면 된다.

정중하게 부탁하는
다섯 가지 기술

누군가에게 무언가를 부탁할 일이 생긴다면 잠시 멈추고 생각해보자. '어떻게 하면 이 부탁을 더 정중하게 할 수 있을까?' 하고 말이다. 이런 사소한 노력이 우리의 관계를 더욱 풍요롭게 만들어준다.

부탁하는 표현 사용하기
예: "~해줄래?", "~해주시겠어요?"

상대방의 상황을 고려한 부탁하기
예: "바쁘시지 않다면…."

부탁의 이유나 상황 설명하기
예: "내가 지금 손이 젖어서…."

감사 표현 잊지 않기

예: "도와주면 정말 고마울 것 같아."

톤과 표정에도 신경 쓰기

부드러운 목소리와 미소로 부탁한다.

언어폭력에 대처하는
말의 기술

●

상처 주는 말,
현명하게 대처하기

언어폭력은 눈에 보이지 않는 상처를 남기지만 그 영향은 오래 지속될 수 있다. 하지만 적절한 대응 방법을 알면 이러한 상황을 가뿐하게 넘기게 된다. 언어폭력에 대처하는 것은 단순히 그 순간을 모면하는 것이 아니다. 이는 자신의 존엄성을 지키고 건강한 의사소통을 만들어가는 과정이다. 언어폭력에 대처하는 세 가지 방법을 살펴보자.

1. 되물어보기

상대방이 무례한 말을 할 때 그 말의 의미를 되물어본다. 예를 들어, 상대방이 "야, 너 합격한 거 보니까 그 시험 정말 쉬웠나 보네."라고 한다면, "그게 무슨 뜻이야? 시험이 쉬웠다는 말인가?"라고 되물어보는 것이다.

이는 상대방에게 자신의 말을 다시 생각해볼 기회를 준다. 무심코 한 말의 의미를 되돌아보게 만들어 상대방이 스스로 자신의 무례한 언어 사용을 반성하게 하는 것이다.

2. 침묵과 눈맞춤

무례한 말을 들었을 때는 아무 말 없이 상대방을 조용히 쳐다본다. 예를 들어, "넌 정말 한심해. 이런 일도 제대로 못 해?"라고 말할 때 그냥 상대를 3초간 쳐다보는 것이다. 이 짧은 침묵의 순간은 상대방에게 강력한 메시지를 전달한다. 그들의 말이 부적절했음을 비언어적으로 표현하며 상대방이 스스로 불편함을 느끼게 만드는 것이다.

3. 단호하게 경계 설정하기

상대가 계속해서 무례한 말을 하면 단호하게 경계를 설정해야 한다. 예를 들어, 상대방이 "너는 항상 문제야. 도대체 왜 그런 거야?"라고 했다면, "지금 선 넘으셨어요. 저는 그런 말투가 불쾌합니다."라고 명확하게 말하는 것이다. 명확한 경계 설정은 상대방에게 그들의 행동이 용납될 수 없음을 분명히 알려준다. 이렇게 하면 상대방은 더 이상 그런 행동을 하지 않게 된다.

갈등을 방지하는 주체 대화법

•

'너'가 아닌 '나'로 시작하는
평화로운 소통

주체대화법

갈등이 생겼을 때는 그 상태로 오래 두면 안 된다. 갈등의 시간이 길어져서 좋을 게 없다. 오랜 세월을 함께한 부부나 가족 사이에서는 더욱 그렇다. 아무리 화가 나도 잠들기 전까지는 사과하자. 하지만 뭐니 뭐니 해도 갈등 자체를 만들지 않는 게 가장 좋다.

나와 아내가 갈등을 만들지 않기 위해 사용하는 대화법이 있다. 다툼이 있을 때 "너 이거 좀 고쳐!", "네가 이렇게 했잖아!"와 같은 방식은 상대를 공격하는 느낌을 주기 때문에 좋은 대화법이 아니다. 이때 주체를 '나'로 하면 싸움으로 이어지지 않는다. "내가 지금 속이 상한다.", "그 말이 나에겐 조금 아프다." 하는 식으로 대화하면 상대방도 받아들이기 편하고 그 누구도 상처받지 않는 대화로 이끌어나갈 수 있다. 이를 '주체대화법'이라고 한다.

'나는 ~라고 느낀다' 연습하기

"너 왜 약속 시간에 늦었어!" (X)
"나는 네가 약속 시간에 늦었을 때 걱정되고 조금 서운했어. 다음엔 미리 연락해줄 수 있을까?" (O)

"아니, 또 이렇게 해놨어? 옷 벗어놓고 안 걸어놓는 거 말이야. 몇 번을 말해야 돼?" (X)
"내가 지저분한 걸 보면 스트레스를 받아. 벗은 옷은 그때그때 걸어놓았으면 좋겠어." (O)

이 예시에서 보듯이 나를 주체로 표현하는 방식은 단순히 표현을 부드럽게 바꾸는 것 이상의 의미가 있다. 이는 갈등을 예방하고 관계를 개선하는 강력한 도구이다. '주체대화법'이라 불리는 이 방식은 상대방을 비난하는 대신 자신의 감정을 솔직하게 표현함으로써 더 지혜로운 대화를 이끌어낸다.

화가 나는 상황에서
현명하게 대화하는 법

●

감정을 다스리고
관계를 지키는 기술

화가 날 때 대화하는 나쁜 예

약속해 놓고 상대가 늦으면 화가 나지만 화를 내는 데도 요령이 있다. 다음 나쁜 예시와 좋은 예시를 살펴보고 현명한 대처 요령을 알아보자. 일단 나쁜 예는 다음과 같다.

> **나:** 너 도대체 몇 시에 올 거야? 항상 이런 식이지?
>
> **상대:** 미안해, 정말 그럴 의도는 아니었어.
>
> **나:** 미안하다고 하면 다야? 너 때문에 시간 낭비했잖아.

상대: 다음엔 꼭 시간 지킬게. 정말 미안해.

나: 다음? 너 언제 한 번이라도 약속 제때 지킨 적 있어?

"너 도대체 몇 시에 올 거야?"처럼 화났을 때 비난과 공격적인 말을 사용하는 것은 상황을 악화시킨다. "항상 이런 식이지?"라고 일반화시키는 것도 안 좋은 방법이다. "미안하다고 하면 다야?"라고 말하며 사과를 받아들이지 않는 것도 지양해야 한다. 특히 "너 언제 한 번이라도 약속 제때 지킨 적 있어?"라고 과거의 실수까지 들추는 것은 최악의 대화법이다.

화가 날 때 대화하는 좋은 예

나: 야, 기다리느라 좀 힘들었어. 1시간이나 늦었더라.

상대: 미안해. 정말 그럴 의도는 아니었어.

나: 알아. 근데 솔직히 기다리면서 내가 무시당하는 것 같아서 기분이 안 좋았어.

상대: 그랬구나. 정말 미안해. 앞으로는 꼭 시간 맞출게.

나: 고마워. 다음부턴 시간 정할 때 좀 더 여유 있게 잡아볼까?

"기다리느라 좀 힘들었어."라고 말하며 자신의 감정을 직접적으로 표현하면 감정을 솔직하게 전달할 수 있으면서 상대방을 비난하지 않아도 된다.

"1시간이나 늦었더라."라고 구체적인 상황을 언급하는 것도 감정에 치우치지 않은 대화로 이끌 수 있다.

앞에서도 다루었지만 '나는 ~라고 느낀다.'는 식으로 주체대화법을 사용하는 것도 좋은 방법이다. "내가 무시당하는 것 같아서 기분이 안 좋았어."처럼 내 감정에 초점을 맞추는 것이다.

"다음부턴 시간 정할 때 좀 더 여유 있게 잡아볼까?"처럼 해결책을 함께 모색하는 말은 다음에 또 이런 일이 생기는 걸 예방해준다.

요컨대, 좋은 예시는 감정을 솔직하게 표현하면서도 상대방을 존중하고 문제 해결에 초점을 맞춘다. 반면 나쁜 예시는 감정을 공격적으로 표현하고 상대방을 비난하여 관계를 해칠 수 있다. 좋은 방식으로 대화하면 서로를 이해하고 문제를 해결할 가능성이 훨씬 높아지는 것이다.

화가 날 때
나를 다스리는 법

화를 내면 그 소리를 가장 먼저 듣는 사람은 바로 나

최고의 예능인 자리를 오랜 시간 동안 지켜온 개그맨 신동엽 씨는 절대로 차에서 화를 내지 않는다고 한다. 이는 쉽지 않은 일이다. 예를 들어, 운전할 때만 해도 얼마나 화를 낼 일이 많은가? 사람들은 보통 누가 내 차에 끼어들거나 클랙슨으로 위협을 하면 마치 자신의 자리가 침범당한다고 느낀다고 한다. 그래서 평소에는 차분한 사람도 운전할 때는 공격적이고 과격하게 변하곤 한다. 그런데 신동엽 씨는 누가 내 차에 갑자기 끼어들어도 화를 내지 않을 뿐더러 화가 나지도 않는다는 것이다. 그 이유에 대해 그는 이렇게 말한다.

"저는 화를 내지 않아요. 운전하다 다른 차에 엄청 화를 낸다고 해도 그는 듣지 못하니까요. 그런데 내가 심하게 화를 내면 그 소리를 누가 듣나요? 결국 내가 그 화를 다 받아내야

하지 않을까요? 그러면 결국 내 기분이 나빠지지요. 그래서
저는 화를 절대 내지 않습니다. 남이 듣지도 않는 화를 내가
나에게 낼 필요는 없지 않을까요?"
그렇다. 화를 내며 말을 하면 그 소리에 가장 크게 영향을 받
는 사람은 다름 아닌 바로 나인 것이다.

화가 날 때는 에스키모인처럼

화가 났을 때는 바로 감정적으로 맞서지 말고 잠시 화를 가
라앉히는 시간을 가져야 한다는 것은 누구나 아는 사실이
다. 하지만 그게 생각처럼 쉬운 일은 아니다. 매번 그러려고
해도 마음처럼 되지 않아 순간적으로 버럭 화를 내게 되는
것이다. 이럴 때는 에스키모인들의 지혜를 이용해보자.
추운 지역에 사는 에스키모인들에게는 분노를 해소하는 오
래된 관습이 하나 있다. 그들은 화가 나면 집 밖으로 나와 무
작정 걷는다. 순백의 대자연이 선사하는 아름다운 풍경을
바라보고 천천히 걸으며 몸 안의 나쁜 감정을 몰아내는 것
이다. 그러다가 어느 순간 화가 풀리면 그때 비로소 걸음을
멈추고 땅바닥에 지팡이로 표시한다. 표시 지점은 자신이
가진 분노의 강도와 분노가 지속된 시간을 보여준다. 그 표
시를 통해 에스키모들은 분노의 감정을 관리하는 한편 자신
을 둘러싼 삶과 화를 냈던 자기 자신을 돌아보고 새로운 깨

달음을 얻는다. 이것이 바로 에스키모인의 화를 다스리는 지혜다.

화가 났을 때는 에스키모인까지는 못 되더라도 5분이라도 잠시 가라앉는 시간을 가지며 정서적인 환기를 해보자. 그러면 적어도 상대에게 나쁜 말, 모진 말을 내뱉는 실수를 미연에 예방할 수 있다.

가족에게
표현하는 법

●

"사랑해!"의
마법

습관처럼 "사랑해!"를 외쳐라

고대 수피 성인이 말하기를 사람들이 화났을 때는 거리는 가까워도 마음이 멀어져 있어 소리를 질러야만 자신의 마음이 전달된다고 느낀다고 했다. 한편 누군가를 사랑할 때는 마음이 가까이 있어 말 한마디 하지 않아도 마음이 전달된다고 믿는다.

결혼 초기 우리 부부는 자주 다퉜다. 특히 아들이 태어난 후로는 육아에 서투른 나머지 육체적으로 힘들어 싸우는 일이 많아졌다. 아기가 새벽에 자꾸 깨니 밤에 잠을 깊이 들지 못했고 몸이 피곤하니 성격도 점점 예민해졌다. 지나고 보면 정말 별일 아닌데 그때는 사소한 말 한마디에 욱하는 순간이 많았다.

이러다간 맨날 싸우는 집이 되겠다 싶어 새로운 전략을 짰다. 일상의 순간순간 "사랑해!"라는 표현을 자주 하는 것이다. 아침에 일어나서 꼭 껴안고 아들에게 "사랑해!", 밥을 먹다가도 "사랑해!", 길을 걷다가도 "사랑해!", 자기 전에도 "사랑해!"를 반복했다. 그러니 정말로 사랑이 넘치는 집이 되기 시작했다.

한번은 이런 적이 있었다. 아이가 무언가 마음에 안 드는지 투정을 부리기 시작한 것이다. 그런데 한참을 투덜투덜하더니, "아빠, 내가 이렇게 짜증 내도, 내가 아빠 사랑하는 거 알죠?" 하는 것이 아닌가? 자신의 투덜거림이 혹시 아빠를 사랑하지 않는 것처럼 비칠까 걱정돼 말하는 그 모습이 어찌나 사랑스러운지…. 아들의 투덜거린 행동이 다 잊힐 정도였다.

가족 간의 사랑 표현은 단순히 감정을 전달하는 것 이상의 의미를 가진다. 그것은 가족 구성원 각자의 자존감을 높이고, 서로 간의 신뢰와 유대를 강화하며, 가정의 분위기를 긍정적으로 만든다.

가족 간 애칭을 사용하자

"아빠!"

아들이 소리치며 방에서 뛰어나오는데 아들의 손에 들린 크레파스가 내 눈에 들어왔다. 불안한 마음에 가보니 벽지에 그려진 알록달록한 낙서가 보였다.

순간 화가 치밀었다.

"야! 너….."

하지만 나는 하려던 말을 참고 깊은 숨을 들이마신 다음 천천히 내뱉었다. 그리곤 아이의 눈을 지긋이 보고 말했다.

"보물아, 벽에 그림 그리면 안 되는 거 알지?"

"아빠, 내가 보물이에요?"

"그래, 너는 아빠의 보물이야. 우리 보물이 벽에 그림을 그리면 될까? 안 될까?"

"아빠, 미안해요. 다음부턴 종이에 그릴게요."

"그래, 우리 보물. 아빠랑 종이에 그림 그리자."

나는 내 아이를 보물이라고 부른다. 내 인생의 보물이 맞아서 이기도 하지만, 아이와 트러블이 생길 때 아이를 보물이라고 부르면 더 심하게 대할 수가 없어지기 때문이다. 그렇게 나를 절제시키기 위한 한 방도로 아이의 애칭을 부르기 시작했다.

하지만 지금은 평상시에도 아이를 보물이라고 부른다. 말에

는 힘이 있다고 하는데, 아이를 보물이라고 부를수록 더 사랑스
럽고 소중한 느낌이 든다. 사랑하는 가족에게 아름다운 애칭을
붙여 불러보자. 처음에는 좀 부끄러워도 익숙해지면 사랑이 넘치
는 집으로 거듭나게 될 것이다.

가족 간
사랑 표현하기

가족 간의 사랑을 말로 표현하는 것은 우리 삶을 더욱 풍요롭게 만드는 소중한 습관이다. 일상 속 작은 노력이지만 가족 간의 유대감을 크게 높일 수 있다. 가족에게 따뜻한 마음을 전하는 방법들을 살펴보자.

일상적으로 "사랑해!" 말하기 | 하루에 최소 3번 이상 가족에게 "사랑해!"라고 말하자.

애정 어린 애칭 사용하기 | 가족 구성원마다 특별한 애칭을 지어주고 자주 사용해보자.

신체적 접촉 늘리기 | 포옹, 손잡기 등 애정 어린 신체 접촉을 자주 해보자.

감사 표현하기 | 작은 일에도 "고마워."라고 표현하는 습관을 들이자.

긍정적인 말하기 | 부정적인 말 대신 긍정적인 말을 사용하려고 노력해보자.

감정싸움 없이
가족과 지내는 법

●

지는 것이
이기는 것이다

기분 좋게 져주면 행복이 온다

어느덧 결혼한 지도 5년이 넘었다. 여느 부부처럼, 우리가 싸우는 원인은 대부분 말 때문이다. 말하는 직업을 25년 동안이나 해온 나름 말 전문가인데, 부부싸움의 원인이 말 때문이라는 것은 용납하기 힘들다.

하지만 자라온 환경부터 생활습관, 생각까지 우리 부부는 공통점이라곤 찾아볼 수 없다. 그래서 우리는 아주 소소한 일로 다투곤 한다.

나: 자기는 세상에서 누가 가장 좋아?

아내: 자~~기~~~.

아내: 그럼 자기는 세상에서 누가 가장 좋아?

나: 나는~~~~~~ 영화배우 김사랑!

내가 웃기려고 한 대답에 아내는 단단히 화가 났다. 그러더니 운다. 그냥 우는 것이 아니라 화를 내면서 운다. 이게 어디 화가 날 일인가? 누가 봐도 유머러스한 대답 아닌가? 나는 유머라고 주장하고, 아내는 "누구를 위한 유머인가요?"라면서 자기 혼자만 재밌으면 유머가 아니라고 이야기한다. 그렇게 서로 이견을 좁히지 못하고 결국 큰 싸움이 되었다.

이렇게 싸우고 나면 서로에게 담을 쌓는다. 쳐다보지도 않고 말도 하지 않는 것이다. 서로의 생각이 옳다는 데 한 치의 양보도 없다.

그런데 이때, 아들이 엄마, 아빠를 번갈아 쳐다보더니 분위기 심상치 않은 걸 눈치챈 듯 갑자기 이렇게 말하는 것이다.

"아빠! 오늘은 아빠도 내 옆에 누워."

그러더니 아빠 엄마 사이에서 양옆에 팔짱을 끼우고 잔다. 싸운 걸 화해시켜 보려고 그런 것일까?

아침이 되었다. 어제의 말다툼이 해결이 안 된 우리는 냉전을 이어갔다. 그리고 둘이 서로 눈이 마주치는 순간 다시 말다툼이 시작되었다.

그때 아들이 귓속말을 했다.

"아빠, 그냥 엄마에게 사랑한다고 그래!"

"응?"

여섯 살 아이의 이 말에 나는 웃음이 터지고 말았다. 동시에 아들에게 미안했다. 그리고 대견한 마음도 들었다. 이런 건 누가 가르쳐준 걸까?

"아빠와 엄마의 말싸움에 네가 많이 힘들었구나! 이제는 사이좋게 지낼게. 아빠가 너에게 배운다."

부부싸움의 승자가 된다고 해서 금메달을 목에 걸 수 있는 것도 아닌데, 왜 이토록 이기려고 했을까? 이기고 지는 것이 뭐가 그리 중요하다고…. 부부싸움으로 정작 가장 소중한 아들이 눈치를 보며 상처를 입고 있는데 말이다. 이 싸움은 그냥 지는 게 이기는 것이다. 나와 아내의 이런 사소한 다툼들은 깊이 생각해보면 서로에 대한 배려와 이해의 부족에서 비롯된다. 나는 유머라고 생각했던 말이 아내에게는 상처가 될 수 있다는 것을 나는 인정해야 했다. 타인의 입장에서 생각하고, 그 감정에 공감하는 것이 바로 배려의 시작이다. 가족끼리도 마찬가지이다.

밖에서 화가 나도 집에서 웃는 비법

밖에서 기분 나쁜 일로 기분이 상했을 때 집에까지 가져오지 않고 털어버리면 좋겠지만, 사람 마음이 그렇게 쉽게 비워지지가 않는다. 그런데 화가 난 상태로 집에 들어가면 보통 집에서 식구들에게 화풀이하게 마련이다. 평소 그냥 넘어가는 사소한 일마저 지적하게 되기 때문이다. 이렇게 밖에서 언짢았던 기분을 집에서 표현하면 가족 구성원의 기분까지 망치게 된다. 중요하지 않은 사람 때문에 화가 났는데, 소중한 가족에게 화를 내는 어리석은 짓을 하게 되는 것이다.

나는 이러지 않기 위해 아파트 현관문에 스마일 스티커를 몇개 붙여두었다. 집에 들어가기 전 현관문에 붙여둔 스마일 스티커를 보면 웃으며 집 안으로 들어가게 된다. 일단 웃으면 기분 나빴던 일을 홀홀 털어버리는 데 도움이 된다. 그리고 이런 일상의 습관이 늘어날수록 사랑하는 가족들과 웃는 날이 많아진다.

가족과 감정싸움 없이
지내는 팁

잠시 멈추기 | 감정적으로 반응하기 전에 잠깐 숨을 고른다.

상대방 입장 생각하기 | 이 말이 상대방에게 어떻게 들릴지 고민한다.

'나' 전달법 사용하기 | "나는 ~라고 느껴." 하는 식으로 자신의 감정을 표현한다.

적극적으로 경청하기 | 상대방의 말을 끝까지 듣고 이해하려 노력한다.

화해의 기회 만들기 | 먼저 손을 내밀어 화해의 기회를 만든다.

PART 3

인생을 성공으로
이끄는 말의 기술

상대방을 확 사로잡는
자기소개의 비결, 스토리

●

자기 스토리를
만드는 요령

1분 30초 안에 나를 각인시키는 법

하나은행에서는 해마다 고객들을 대상으로 'WIN WIN 골프대회'라는 행사를 연다. 은행에서 우수 기업 대표들을 초대해 골프대회를 여는 것이다. WIN WIN 골프대회는 단순한 스포츠 행사가 아니다. 이 자리는 우수 기업 대표들이 한자리에 모여 자신을 알리고 비즈니스 기회를 만드는 중요한 네트워크의 장이다. 특히 주목할 만한 것은 만찬장에서 이뤄지는 자기소개 시간이다. 40여 명의 참석자들이 각각 1분 30초라는 제한된 시간 동안 자신을 소

107

개한다. 이 짧은 순간이 자신을 각인시키는 결정적 시간이 될 수 있는 것이다.

가장 기억에 남는 것은 어느 수입 자동차 사장님의 넉살 좋은 소개였다.

"안녕하세요? ○○ 모터스 대표 ○○○입니다. 여러분, 제가 이 자리에 차를 팔러 온 건 아닙니다. 하지만 이 중에는 분명 최고의 차를 필요로 하는 분들이 계실 겁니다. 그러니 최고의 차가 필요하신 분은 언제든 제게 연락 주시기 바랍니다. 전국에서 가장 좋은 조건으로 드리겠습니다."

말이 끝나자마자 다른 회사 대표들이 웃고 박수를 친다. 그리고 실제로 식사 시간이 되자마자 많은 참석자들이 그에게 명함을 요청했다.

○○ 기업 대표의 자기소개도 인상적이었다.

"여러분, 올해가 어떤 해인지 아시지요? 바로 닭의 해, 정유년입니다. 닭 하면 어떤 브랜드가 생각나시나요? 혹시 ○○이 떠오르신 분은 안 계신가요? 바로 제가 ○○ 대표 ○○○입니다."

이 소개는 시의성과 브랜드 인지도를 효과적으로 활용한 예이다. 현재의 상황(정유년)과 자신의 브랜드를 연결시켜 청중의 기억에 깊이 각인시키는 전략을 쓴 것이다. 이처럼 좋은 소개는 길이와 상관없이 몇 문장으로도 오래 기억에 남는 자기 PR이 가능하다. 1분 30초 안에 자신을 가장 잘 표현할 수 있는 자기소개를 만들어보자. 이 짧은 순간이 당신의 인생을 바꿀 수 있는 시간이 될 수 있다. 기억하자. 인상적인 자기소개를 준비하는 것은 그 분야의 리더가 되기 위한 첫걸음이다.

나를 소개하는 한 문장

나를 소개하는 문장 하나만 잘 만들어 놓아도 평생을 쓸 수 있다. 마땅한 소개 멘트가 없다면 고민해서 만들면 된다. 예를 들어, '별이 다섯 개, 장수 돌침대'처럼 말이다. 이런 게 바로 슬로건이고 카피다. 어려울 것 없다. 예를 들어, 본인의 이름과 유명 연예인의 이름이 같다면 연관 지어 말하는 것도 방법이다. 회사 이름이나 제품 역시 사람들이 알 만한 것 혹은 시사적인 메시지와 연관 지어 전달하면 된다. 한창 조류독감이 유행하던 시절, 양계업을 하던 대표는 이렇게 자신을 소개했다.

"조류독감 때문에 걱정이시죠? 우리 닭은 안심하고 드셔도 됩니다."

그러고 나서 자신의 회사 이름을 말했다. 이렇게 청중의 니즈나 관심사를 파악하고 이를 반영하면 100점짜리 소개가 된다. 그러면 사람들이 나를 기억할 수밖에 없기 때문이다.

나를 필요로 하는 사람들에게 내가 가진 능력이나 제품, 서비스를 알리고 기억되게 하는 것이 마케팅이고 PR이다. 그런데 많은 사람들이 이러한 자기소개의 힘을 과소평가한다.

대부분의 사람들은 자기소개를 하라고 하면 옆 사람에게 들리지도 않는 작은 소리로 형식적인 인사만 한다. 하지만 같은 시간, 같은 기회가 주어졌어도 어떤 이는 이를 통해 새로운 비즈니스 기회를 만들어내고, 또 어떤 이는 그저 기념품만 받아 간다.

이 책을 읽는 여러분은 어떤가? 그저 말 잘하는 사람을 달변가 정도로 여기고 있다면 오해다. 잘 훈련된 말하기 능력은 그 사람을 그 분야에서 가장 뛰어난 사람으로 변화시킬 수 있다.

내 이름을 오래도록 기억하게 하라

내 이름은 이호선이다. 이 이름을 활용해 나는 이렇게 자기소개를 한다.

"안녕하세요? 지하철 2호선을 타고 온 이호선입니다."

내가 이렇게 소개하는 이유는 어색한 분위기를 좋게 하기 위해서이기도 하지만 내 이름을 한 번에 기억시키기 위해서이기도 하다. 심지어 어떤 지인은 지하철 2호선의 안내 방송을 듣고 나에게 카톡을 보내오기도 한다.

이렇게 독특한 자기소개는 첫인상을 강렬하게 만들고, 오래도록 이름을 기억하게 한다.

연이은 '신의 직장' 합격, 그 비결은?

친구 김○○는 '신의 직장'이라 불리는 곳들에 연이어 단번에 합격했다. CJ, 매일경제신문, OBS 방송국, 그리고 지금의 문화체육관광부까지 모두가 수백 대 일의 경쟁률을 자랑하는 곳들이다. 그의 성공 비결은 무엇일까?

"너 무슨 큰 백이 있는 거 아니야?"

내가 물으니 그는 고개를 저으며 자신의 면접 에피소드를 들려주었다.

대기업 면접에서는 회사에 대한 장기적인 헌신을 강조하며, "저는 이 회사의 정년 감사패를 받는 것을 목표로 합니다."라고 말했다고 한다. 이러한 답변은 면접관에게 그의 충성심과 장기적인 계획을 각인시켰다.

방송사 면접에서는 성격과 일하는 스타일을 어필했다. "저는 부드러운 성격이지만 논리적인 설득을 통해 결과를 이끌어낼 수 있습니다."라고 말하여 자신의 성격이 팀워크와 조직에 어떻게 긍정적인 영향을 미칠 수 있는지를 보여주었다.

이렇게 그는 각 기업의 특성과 요구사항을 정확히 파악하고, 이에 맞는 자신의 모습을 효과적으로 표현하여 신의 직장에 연이어 합격하는 좋은 결과를 낳은 것이다.

스토리, 면접의 게임 체인저

면접에서 성공하기 위한 중요한 무기가 있다. 바로 '스토리'이다. 잘 준비된 자기 스토리는 이력서 이상의 힘을 발휘한다. 이는 당신의 개성과 능력을 생생하게 전달하고, 면접관의 마음을 사로잡는 강력한 도구이다.

피터 거버는 그의 저서 《스토리의 기술》에서 "나는 상대방의 관심을 사로잡지 못했다. 심지어 그의 말을 경청하지도 못했다. 그리고 결정적으로, 아무 스토리도 전달하지 못했다. 곰곰이 생각해본 결과 그 이유는 혹시 내가 굿맨의 마음보다 그의 머리와 지갑을 겨냥했기 때문은 아니었을까?"라고 했다.

스토리텔링에서 가장 중요한 과녁은 언제나 사람의 가슴이다. 면접이든, 자기소개든 항상 상대방의 마음을 사로잡아야 한다는 원칙을 벗어나면 안 된다.

자기 스토리는 단순히 과거를 회상하는 것 이상의 의미를 갖는다. 그것은 개인의 정체성을 형성하고, 다른 사람들과의 관계를 강화하는 강력한 도구다. 자기 스토리를 통해 우리는 자신의 경험, 가치, 꿈을 표현하고, 타인에게 영향력 있는 메시지를 전달할 수 있다.

감동적인 자기 스토리 만들기
6단계

다음 단계를 따라 스토리를 만들고 연습하자. 꾸준히 연습하다 보면 인상적인 스토리텔러가 될 수 있다. 자신의 경험과 감정을 스토리화하고 효과적으로 전달하여 청중과 깊은 공감을 이끌어내는 기술, 알고 보면 절대 어렵지 않다.

과거 탐색하기

- 중요한 사건이나 전환점을 찾아보자.
- 어려움을 극복한 경험이나 특별한 성취를 떠올려보자.

감정 더하기

- 각 경험에서 느낀 감정을 떠올려보자.
- 슬픔, 기쁨, 두려움, 희망 등 다양한 감정을 스토리에 녹여내자.

핵심 메시지 정의하기

- 스토리를 통해 전달하고자 하는 핵심 메시지나 교훈을 명확히 하자.
- 메시지가 스토리의 방향을 결정한다.

청중 고려하기

- 스토리를 들을 대상의 관심사와 필요를 이해하자.
- 그에 맞게 스토리를 조정하자.

실제 사례 포함하기

- 구체적인 경험담을 포함시켜 신뢰성을 높이자.
- 실제 사례는 메시지를 더욱 선명하게 만든다.

반복 연습하기

- 스토리를 다듬고 연습하자.
- 자연스럽게 매력적으로 전달하기 위해 시간을 투자하자.

누가 어떻게 소개하느냐가 중요하다

●

배우 한효주의
소개

분위기를 바꾸는 짧은 인사

몇 년 전, 한 가전회사의 광고 모델 팬 미팅 행사의 사회를 맡은 적이 있다. 행사장에 가보니 무대 앞에서는 기자들이 취재 경쟁을 펼치고, 팬들은 조금이라도 더 가까이 주인공을 보기 위해 자리싸움을 하고 있었다. 그런데 막상 내가 무대에 올라가니 평소와는 다르게 관객들의 반응이 전혀 없었다. 재치 있는 멘트를 던져도 웃음은커녕 박수 소리조차 들리지 않았다. 순간 당황했지만, 곧 이유를 알아챘다. 그들이 기다리는 주인공은 내가 아니었던 것

115

이다.

"오늘의 주인공 한효주 씨를 소개합니다."

이 한마디와 함께 객석이 들썩였다. 함성과 박수 소리가 건물을 흔들 정도였다.

"이호선 씨, 오랜만이에요. 그동안 잘 지내셨어요?"

한효주 씨는 나를 보고 짧은 인사를 던졌다. 그제서야 관객들은 나를 주목하기 시작했고, 평범한 멘트에도 폭소를 터뜨렸다. 한효주 씨의 배려 덕분에 나를 바라보는 시선이 완전히 바뀐 것이다.

사실 한효주 씨와 나는 그날 처음 만났지만 한효주 씨는 알고 있었다. 자신의 말 한마디가 사회자인 나보다 훨씬 더 영향력이 크다는 사실을 말이다.

우리는 종종 직장이나 사회생활에서 새로운 사람들을 소개하거나 소개받는 상황에 놓인다. 이때 '누가, 어떻게 소개하느냐'가 첫인상과 향후 관계 형성에 결정적인 영향을 미칠 수 있다. 한효주 씨가 나와 자신의 팬들을 인사 한마디로 연결시켜 준 것처럼 말이다.

우리 모두 누군가에게 영향을 주는 위치에 있다. 말 한마디, 하나의 행동으로 누군가에게 큰 변화를 줄 수 있는 것이다. 작은 배려로 긍정적인 영향을 주는 그 누군가가 되어보는 것은 어떨까?

어색함을 깨는 열쇠, 소개

결혼식이나 집들이에 가면 처음 만나는 가족들과 자리를 함께하는 경우가 많다. 이런 상황에서 적절한 소개는 어색한 분위기를 깨는 열쇠가 된다.

얼마 전 나는 다섯 가족이 모인 모임에 참석했다. 한 가족이 나머지 네 가족을 초대한 자리였는데, 이상하게 분위기가 어색했다. 알고 보니 자리를 만든 가족이 나머지 가족들을 서로 소개하지 않았던 것이다.

이럴 때는 간단한 소개만으로도 분위기를 바꿀 수 있다.

"이쪽은 이호선 씨 가족이에요. MC 일을 하시고 아이는 6살이에요. 두 분은 같은 동네에 사세요. 설마 아이들이 같은 유치원을 다니는 건 아니겠죠?"

이런 식의 소개로 공통점을 찾아주면 대화의 물꼬를 틀 수 있는 것이다.

개인 간의 만남도 마찬가지다. 주선자는 적어도 서로를 알게되는 첫 발걸음을 떼주는 역할을 해야 한다. 적절한 소개가 이루어지면 소개받은 서로는 좋은 대화를 나눌 수 있을 것이다.

소개의 기술, 성공의 열쇠가 되다

소개를 잘하는 능력은 사교의 기술을 넘어 비즈니스 성공의 열쇠가 될 수도 있다. SBS 공채 개그맨 출신인 염경환 씨의 이야기는 말의 기술이 얼마나 대단한 능력인지를 알려준다. 2000년대 초반 즈음 방송 활동이 줄어들자 그는 홈쇼핑 분야로 전향했다. 그런데 그의 능력은 이 분야에서 탁월한 성과를 보였다. 그는 제품을 어떻게 소개해야 잘 팔리는지 정확히 알고 있었다. 간장게장을 판매할 때는 게를 꽉 눌러 살이 삐죽 나오는 모습을 강조했고, 갈비를 소개할 때는 "와, 그냥 빠질 정도로 연하네요!"라는 멘트로 소비자의 마음을 사로잡았다. 화장실 청소 제품을 소개할 때는 "이 변기가 조선 시대에 태어났다면 이조백자이지 않을까요?"라는 재치 있는 표현으로 주목을 끌기도 했다.

이러한 노하우로 그는 홈쇼핑 업계에서 제2의 전성기를 맞이하여 연봉이 30억 원에 달하는 쇼핑호스트가 되었다. 그는 제품의 어떤 부분을 강조해야 소비자가 구매하는지, 제품의 어디가 포인트인지 정확히 볼 줄 아는 안목과 이를 말로 재미있게 소개하는 능력 덕분에 큰 성공을 거둔 것이다.

광고회사는 물론이고, 중고차 딜러, 커플 매니저, 리뷰 블로거, 부동산 중개인 등 각 분야에서 성공을 한 사람들의 공통점을 찾아보면 소개를 잘한다는 것을 알 수 있다. 제품만 잘 소개해도 돈도

벌고 명성도 얻을 수 있는 시대에서 우리는 살고 있는 것이다.

효과적인 소개의 기술

소개자의 말 한마디가 큰 사업의 발판이 되기도 하고, 소개를 잘 못 받으면 오히려 소개를 안 받으니만 못한 경우가 발생하기도 한다. 그렇다면 어떻게 소개하는 것이 좋을까?

첫째, 기본 정보는 필수로 알려줘야 한다. 누군가를 소개할 때 그 사람의 소속과 직책, 이름은 잊지 말고 알려주자.

둘째, 장점을 강조하자. 소개를 잘한다는 것은 어떻게 보면 대상의 장점을 잘 파악하는 것이라고도 볼 수 있다. 누구나 장단점이 있지만, 이 사람의 장점에 더 집중하고 그것을 강조해주는 것이 바로 소개의 능력이다. 예를 들어, 누군가를 소개할 때는 "○○기업에 다니는 친구야."와 같은 이런 평범한 표현보다는 좀 더 장점을 강조해서 "현대자동차에 부품을 납품하는 회사에 다니는데, 이분 없으면 회사가 안 돌아가요!"라고 하는 것이 훨씬 효과적이다. 여기에 좀 더 과장해서 재미있게 표현하고 싶다면 "이분이 사표 내면 현대차도 망할 수 있을 정도로 중요한 분입니다."라고 말할 수도 있을 것이다.

셋째, 편안한 분위기를 만들자. 낯선 두 사람이 만나는 자리에서 소개자가 그 역할을 제대로 하지 않으면 그 자리가 어색해

진다. 소개자는 두 사람을 잘 소개해주고 편안하게 이야기를 나눌 수 있는 분위기를 만들어주어야 한다.

넷째, 매너를 갖추어 소개하는 것이다. 영화 〈킹스맨〉에는 '매너가 사람을 만든다.'라는 대사가 나온다. 멋진 매너를 장착하고 소개를 하면 다른 이들에게 긍정적인 영향을 미칠 수 있다.

누군가에게 좋은 소개를 하면, 당신 역시 멋진 소개를 받을 기회를 얻을 수 있음을 잊지 말자. 세상은 돌고 돈다.

조직을 성공으로 이끄는 리더의 말하기

●

DNA 깊이 스며드는 리더의 비전

리더의 비전은 그 자체로 강력한 리더십이다

리더의 말은 조직의 방향을 제시하고, 마음을 움직이며, 변화를 만들어내는 강력한 도구이다. 그래서 리더는 말 한 마디 한 마디에 신중해야 하고 그 속에 진심과 책임감을 담아야 한다. 말 속에 담긴 의미와 책임을 항상 염두에 두고 조직의 미래를 위해 어떤 말을 할 것인지를 고민하는 리더가 될 때 우리는 조직을 성공으로 이끌 수 있다.

특히 리더가 비전을 제시할 때 그 말은 팀원들에게 새로운 동기를 부여하고, 조직이 나아갈 방향을 보여주는 중요한 역할을 한다.

예를 들어 살펴보자. 현대자동차 정의선 회장은 2020년 취임식에서 "우리는 단순한 자동차 회사가 아닌 스마트 모빌리티 솔루션 기업으로 거듭날 것입니다."라고 선언했다. 그리고 이 선언은 회사 전체가 새로운 목표를 향해 나아가야 할 이유를 제공했다. 직원들에게 단순한 차량 제조가 아닌, 미래의 모빌리티를 선도하는 기업으로서의 역할을 강조한 이 한 문장이 전 조직을 재편성하는 계기가 된 것이다.

또 다른 예로, 애플의 고(故) 스티브 잡스는 "우리는 세상을 바꿀 수 있습니다."라는 말로 팀원들에게 강력한 비전을 제시했다. 이 한마디는 단순히 제품을 만드는 것을 넘어 기술을 통해 세상을 변화시키겠다는 의지를 담고 있었다. 그의 비전은 애플 직원들에게 새로운 열정을 불러일으켰고, 결국 애플이 세계를 선도하는 혁신적인 기업으로 자리잡는 데 중요한 역할을 했다.

조직의 많은 이들이 함께 큰 그림을 그려나가게 하는 리더의 비전은 그 자체로 강력한 리더십의 표현이다. 리더가 비전을 제시할 때 중요한 것은, 그 비전이 명확하고 실현 가능하며 팀원들에게 영감을 줄 수 있어야 한다는 점이다. 진정성이 담긴 비전을 제시하는 말은 조직의 DNA에 깊이 스며들어 모든 행동과 결정에 영향을 미치게 된다.

자부심과 책임감을 심어주는 말

리더의 말은 팀의 분위기를 변화시키고 구성원들에게 자부심과 책임감을 불어넣는다. 이는 조직의 미래를 결정짓는 중요한 요소이기도 하다.

예를 들어, 테슬라의 일론 머스크는 "어떤 문제가 있더라도 우리가 직접 해결할 수 있습니다."라고 말하여 직원들에게 강한 책임감을 부여했다. 이 말은 테슬라의 모든 구성원이 문제를 회피하지 않고, 스스로 해결할 수 있는 능력을 갖추고 있다는 믿음을 심어주는 동시에, 그들이 회사의 성공에 직접적인 영향을 미친다는 것을 밝혀 책임감을 강조했다. 이러한 말은 직원들이 문제를 해결하기 위해 적극적으로 나서도록 하는 원동력이 된다.

이렇게 리더의 말은 조직의 자부심을 고양하고, 책임감을 부여하며, 나아가 구성원들이 자발적으로 문제를 해결하고 혁신을 추구하도록 이끌어야 한다.

비슷한 맥락에서, 2023년에 구글의 순다르 피차이 CEO는 직원들과의 타운홀 미팅에서 "우리의 AI 혁신은 여러분 한 명 한 명의 아이디어에서 시작됩니다."라고 말했다. 이 말은 구글의 AI 혁신이 거대하고 복잡한 기술에 의존하는 것이 아니라 개개인의 창의성과 기여에서 비롯된다는 메시지를 전달했다. 이를 통해 직원들은 자신이 회사의 미래를 이끄는 데 중요한 역할을 하고 있다는 책임감을 느끼게 되었고, 동시에 자신의 아이디어가 조직의 성장을 이끌 수 있다는 자부심을 가지게 되었다.

리더의 말은 이처럼 자부심과 책임감을 동시에 심어줄 수 있어야 한다. 이는 조직의 모든 구성원이 자신이 조직의 중요한 일원이라는 인식을 가지게 만들고, 그에 따라 더 높은 수준의 몰입과 헌신을 유도할 수 있다. 또한 리더는 말하기에 신중해야 한다. 그 말이 조직의 방향을 결정짓고 구성원들의 태도와 행동을 형성하기 때문이다.

영감을 주는 리더의 말

리더의 말은 조직의 목표를 설정하고 구성원들에게 영감을 불어넣는 강력한 도구이다. 따라서 리더는 단순히 목표를 설정하는 것을 넘어서 그 목표가 어떻게 사람들의 열정을 불러일으키고, 조직 전체를 하나로 묶을 수 있는지에 대해 신중하게 생각해야 한다.

예를 들어, 일론 머스크는 "우리는 화성에 사람을 보낼 것입니다."라는 말로 직원들에게 목표와 영감을 제시했다. 이 말은 우주 탐사라는 인류의 꿈을 실현하겠다는 거대한 비전을 나타내는 선언이었다. 이러한 목표는 스페이스X 직원들뿐만 아니라 전 세계의 관심을 끌었고, 그들의 상상력을 자극했다.

이 비전은 직원들에게 단순히 일상의 업무를 넘어 인류의 역사에 남을 거대한 프로젝트에 동참하고 있다는 자부심과 영감을 주었다. '화성에 사람을 보내는 것'이라는 목표가 직원들의 가슴을 뛰게 했고 그들이 하고 있는 일이 얼마나 의미 있고 중요한지를 실감하게 한 것이다.

갑자기 내게
마이크가 온다면

●

기회를
꽉 잡을 수 있는 방법

예상치 못한 기회, 어떻게 잡을 것인가

몇 년 전, KB국민은행 ○○ 지점에서 근무하는 분이 나에게 도움을 요청했다. 그는 은행장이 참석하는 송년회 사회자를 자청했는데, 자신 있다고 얘기는 했지만 막상 어떻게 해야 할지 몰라 고민에 빠져 있었다. 나는 송년회 프로그램을 정리해주고, 오프닝부터엔딩까지 청중을 집중시키는 방법, 퀴즈와 게임을 진행하는 방법등을 알려주었다.

결과는 대성공이었다. 프로 MC처럼 게임과 퀴즈를 진행하니 송년회 분위기는 달아올랐다. 그날 그는 소위 대박을 터트렸고, KB국민은행 ○○ 지점의 스타가 되었다. 무엇보다 은행장에게 깊은 인상을 남겼다. 다음 해 그는 원하던 KB국민은행 연수원으로 이동할 수 있었다.

자신감 있는 한마디의 힘

반면, 준비되지 않은 상태에서 마주한 기회는 실패로 이어질 수 있다.

국군복지단에서 부대 내에 PX 재고를 관리하는 시스템을 만드는 프로젝트가 있었다. 이를 개발하기 위한 업체를 선정하는 과정에서 지원한 각 회사는 프레젠테이션을 해야 했다. 그런데 프레젠테이션을 며칠 앞두고 갑자기 변동사항이 생겼다. 원래는 발표를 회사 대표가 하기로 했었는데, 갑자기 개발팀장이 하기로 변경된 것이다. 그중 한 업체의 개발팀장은 2천만 명이 쓰는 카드 앱을 만든 장본인이었다. 그는 갑작스럽게 프레젠테이션을 하게 되어 걱정이 이만저만이 아니었다. 아니나 다를까 발표 당일, 한 장군이 프레젠테이션을 듣다가 "이러이러한 것은 해결 가능한가?"라고 질문했을 때, 당황한 그 개발팀장은 완벽한 답을 하려고 골똘히 생각만 하다가 아무런 답변도 하지 못했다. 그 모습은 당연히 자신 없는 모습으로 비춰졌고, 그 때문인지 수백억 규모의 프로젝트를 놓치고 말았다.

만약 그가 "저는 2천만 다운로드 앱을 만든 사람입니다. 이런 문제는 언제든 해결할 수 있습니다."라고 자신감 있게 말했다면 결과는 달라지지 않았을까?

이렇게 갑작스러운 말하기 기회는 우리에게 예상치 못한 방식으로 큰 기회를 제공할 수도, 실패를 안겨다 줄 수도 있다.

특히 업무로 발표를 해야할 때, 마이크를 잡고 당당하게 말할 수 있다면 리더십을 보일 수 있는 좋은 기회가 될 것이다. 그리고 발표를 해야 하는 상황에 대비하는 가장 좋은 방법은 연습이다.

50대의 여러분은 이미 풍부한 경험과 지식을 갖추고 있다. 이제 그것을 효과적으로 표현하는 연습이 필요한 시점이다.

한마디 부탁드립니다

어느 대기업 부사장님이 세미나가 끝날 무렵, 예기치 못한 상황에 직면했다.

"한마디 부탁드립니다. 부사장님."

사회자가 갑자기 한마디 해달라며 마이크를 내민 것이다. 그는 갑작스러운 요청에 순간 당황했다. 준비된 말도 없었고, 머릿속은 혼란스러웠다. 등줄기에서 식은땀까지 흘렀다.

더듬더듬 횡설수설하며 겨우 몇 마디 말하고 나니 창피함과 후회가 밀려왔다. 행사장을 빠져나와 집으로 돌아가는 길에 계속해서 횡설수설했던 자신의 모습을 떠올리며 자책했다. 그날 밤, 잠자리에 들어서도 마음이 불편했다. 항상 최고의 모습을 유지하려고 노력해온 그에게 이 작은 실수는 계속 마음에 남을 수밖에 없었다.

결국 부사장님은 나에게 도움을 청했다. 나는 일단 "누구나 그런 상황에서는 어려움을 겪습니다. 갑작스러운 요청에 어떤 말을 해야 할지 정확히 알기 어렵죠."라고 위로했다.

그는 회의나 발표와 같이 자신이 주도하는 자리에서는 완벽했다. 그러나 명확하지 않은 요청에 대한 대응은 그에게 새로운 도전이었다.

나는 "갑작스러운 한마디 요청에는 자신이 하고 싶은 말을 하면 됩니다. 완벽하게 하려는 부담감이 오히려 긴장을 유발하는 겁니다. 간단한 인사말, 행사에 대한 감사, 관객들이 관심 가질 만한 이야기나 도움이 될 만한 말을 편하게 하세요."라고 조언했다.

부사장님은 다음과 같이 모임이나 행사를 위한 간단한 인사말을 준비했다.

"이 자리에 계신 모든 분께 감사드립니다. 오늘의 행사는 매우 인상적이었고, 앞으로도 좋은 만남과 협력을 기대합니다."

완벽해야 한다는 부담감도 내려놓았다. 이렇게 무거웠던 부담감을 내려놓자, 어떤 상황에서든 가볍게 한마디 정도는 편하게 할 수 있었다. 그러자 자신감이 붙었다. 마이크가 두렵지 않게 된 것이다.

이런 일을 누구든 한 번쯤 경험해 보았을 것이다. 갑자기 마이크가 눈앞에 놓이며, "한 말씀 해주시겠습니까?"라는 요청을 받는 순간 말이다. 갑작스러운 인사말, 건배 제의, PT 발표, 자기소개 등 셀 수 없이 많은 상황에서 우리는 마이크를 마주하게 된다.

이때 당당하게 한마디 할 수 있다면 본인의 성장에 큰 기회가 될 수 있다. 마이크가 오기만을 수동적으로 기다릴 수도 있겠지만, 적극적으로 마이크를 잡는다면 그만큼 더 많은 행운의 기회가 찾아오지 않을까?

말의 기술, 인생의 터닝 포인트를 만들다

●

변화가 필요하다고 느끼는 순간, 변화는 시작된다

이제는 정말 변화가 필요해

중년 사업가 최○○ 씨의 이야기를 해보려고 한다. 그의 첫 사업은 골프캐디 아카데미였다. 마케팅만큼은 자신 있던 그는 N카페와 블로그를 통해 골프캐디를 꿈꾸는 수강생을 모집했다. 하지만 말하기에 대한 두려움 때문에 강의와 사업설명은 동업자에게 의존해야만 했다. 그래서 마케팅과 모집은 최○○ 씨가, 강의와 사업설명은 동업자가 맡았다. 다행히 회사는 하루하루 성장했고 수익이 증가하며 성공이 눈앞에 보이는 듯했다. 하지만 동업자는 갑작스럽게 그만두겠다고 통보했다. 이유를 물어봐도 아무런 답이 없었다. 얼마 후 동업자는 그와 똑같은 콘셉트의 골프캐디 아카데미를 설립했다. 배신감에 힘든 시간을 보내야 했고, 혼자서 회사를 운영할 자신이 없었던 그는 결국 폐업을 할 수밖에 없었다.

그는 이후 '○○빌딩 연구소'라는 새로운 사업을 시작했다. N 카페와 SNS를 통해 빌딩에 관심 있는 사람들을 찾아오게 한 뒤 부동산 투자교육과 빌딩 매물소개를 하는 부동산 중개 회사였다. 이 사업도 역시 대중 앞에서 발표하는 능력이 필요했다. 하지만 그는 여전히 말하기에 자신 없었다. 그래서 교육과 매물 소개를 잘하는 직원을 채용했다. 그런데 이번에도 안타까운 일이 발생했다. 사업이 성장하던 중 고객과의 만남이 많았던 직원이 비밀리에 손님과 매물을 몰래 다른 회사에 넘기는 문제가 생긴 것이다. 직원의 배신으로 그는 다시 한번 큰 어려움을 겪었다.

뼈 아픈 실패와 어려움의 원인은 모두 그의 말하기에 대한 두려움 때문이었다. 이제는 정말 변화해야겠다는 생각이 들었다. 그렇게 그는 나를 찾아온 것이다.

처음 만났을 때, 그는 나의 눈을 쳐다보지 않았다. 그저 테이블과 커피잔에만 시선을 두었다.

"저는 대중 앞에서 말하는 게 정말 두렵습니다."

그의 목소리는 떨렸다. 나는 그의 눈을 보며 용기를 주었다.

"변화가 필요하다고 느끼고 바뀌고 싶다는 마음을 먹은 것만으로도 이미 절반은 변화된 것이나 다름없습니다. 이제부터 차근차근 연습하시면 됩니다."

말하기 코칭 3단계

최○○ 씨를 위한 코칭 첫 번째 단계는 '눈 맞춤'이었다. 대화 중에 그는 나의 눈을 똑바로 쳐다보지 못했다. 그런 경우 상대방은 자신 없는 사람으로 여기거나 나와 대화하기 싫다고 판단한다. 만약 상대의 눈을 보지 못할 것 같다면 상대의 눈썹을 보면서 이야기하면 된다. 그러면 상대는 자신의 눈을 보고 있다고 느낀다. "상대방의 눈썹을 보세요." 하고 내가 얘기하자, 그는 처음에는 주저하다가 서서히 나를 바라보기 시작했다.

두 번째 단계는 거울 앞에서 자신의 스피치를 녹화하는 것이었다. 이렇게 하면 화면을 통해 본인의 표정과 모습을 보면서 자신감 넘치는 표정이 필요하다는 것을 직접 느낄 수 있다. 그는 매일 과제를 휴대폰 카메라에 녹화하며 자기소개, 부동산 브리핑 등을 연습하고 또 연습했다. 그렇게 4주 정도가 지나자, 목소리와 표정에서부터 자신감이 느껴졌다. 그러자 점점 당당하고 여유롭게 대중 앞에서 자신의 이야기를 펼칠 수 있게 되었다.

세 번째 단계는, 옷차림과 헤어스타일을 바꾸는 것이었다. 자신감은 단순히 발음이나 발성 같은 말하는 방법이나 목소리에서

만 나오는 것이 아니다. 헤어스타일과 옷차림으로도 자신감을 상승시킬 수 있다.

그는 항상 흰색 셔츠에 검은색 패딩조끼를 입고 나타났다. 특히 헤어스타일은 그를 20살쯤 더 나이 들어 보이게 했다. 나는 그에게 새로운 스타일을 제안했다.

"다음 시간에는 투블럭컷으로 옆머리를 짧게 자르고 정장을 입고 오실래요?"

다시 만난 그는 완전히 달라져 있었다. 새로운 헤어스타일과 멋진 정장은 그에게 자신감을 불어넣었다.

일주일 후, 그는 회사 회의에서 발표를 했다. 전과 달리 그의 표정과 말에는 자신감이 넘쳤고 직원들은 그의 변화에 놀랐다. 누구도 예전의 그를 상상할 수 없었다. 이러한 변화는 전체적인 태도와 자세에도 영향을 미쳤다. 이제 그는 자신의 아이디어를 당당히 표현하고, 직원들과 고객들 앞에서 확신에 찬 목소리로 이야기한다. 다른 사람에게 의지하지 않고 사업설명이나 발표를 유창하게 하게 되자, 사업의 성과도 좋아지기 시작했다.

말하기에 재미를 붙인 최○○ 씨는 심지어 본인처럼 말하기 고민이 있는 사람들에게 도움을 주는 사람이 되고 싶다며 스피치 모임을 만들어 운영하기 시작했다. 그는 요즘도 스피치 모임 참여자들에게 자신의 경험을 공유하며, 용기를 북돋워 주기에 여념이 없다.

청중 앞에서도
대화하듯 말하라

●

사람과 사람 사이의 간격,
딱 그만큼

법무사 박○○ 씨의 강연이 지루한 이유

박○○ 씨는 40년간 법무사로 일하다 은퇴 후 건강 운동화 사업에 뛰어들었다. 그의 비즈니스 모델은 간단했다. 건강에 관심이 많은 사람이 모인 곳에서 강의를 하고, 강의 중에 자신의 제품을 홍보하는 것이었다.

하지만 문제가 있었다. 그의 강의는 청중들에게 큰 호응을 얻지 못했다. 그는 교장 선생님처럼 가르치듯이 말했고, 내용 역시 식상했다. 앞에 앉은 청중들의 지루해하는 표정, 하품, 심지어 몰래 스마트폰을 보는 모습들을 보며 그는 운동화 사업이라는 새로운 도전이 무너지는 것처럼 느꼈다.

나는 그의 강의를 듣고 문제를 파악했다. 일단 박○○ 씨를 의자에 앉혔다.

"사모님은 건강하세요?"

내가 이렇게 질문하자 주눅 들어 있던 박○○ 씨의 눈이 반짝였다.

"아내요? 그럼요. 신혼 때보다 건강해요. 신혼 때는 아내가 항상 저에게 딱 붙어 있었어요. 제가 조금만 움직여도 마치 자석처럼 따라다니며 붙는 거예요. 심지어 내가 다른 일을 할 때도 발을 내 몸에 대고 있을 정도였어요. 제 딴엔 '24시간 붙어 있고 싶을 정도로 나를 사랑하는구나.'라고 생각했지요. 그런데 알고 보니 몸이 너무 차가워서 춥지 않으려고 그랬던 거였어요. 그런데 지금은 내가 옆에만 가면 덥다고 저를 밀어냅니다. 하하하. 그 정도로 체온이 따뜻해졌어요."

나는 웃음을 터뜨렸다.

"바로 이거예요! 사람들 앞에서 지금 제게 말씀하신 것처럼 하시면 돼요. 앞 사람과 대화하듯 말씀하시는 게 상대방이 가장 듣기 편해요. 청중이 10명이든 1천 명이든 그렇게 말하면 됩니다."

앞 사람과 눈 맞추며 대화하듯이 편하게

많은 사람 앞에서는 보통 크게 말하는 경향이 있다. 교장 선생님이나 정치인의 연설처럼 말이다. 하지만 이런 말투는 듣는 이를 금세 지치게 할 뿐만 아니라 메시지 전달도 어렵게 만든다.

이런 현상은 보통 자신의 목소리를 잘 듣지 못해서 생긴다. 좋은 무대엔 모니터 스피커가 있다. 내가 말하는 소리를 잘 들을 수 있도록 스피커 방향이 나에게로 향해 있는 것이다. 그런데 아마추어 무대에는 대부분 그런 시설이 없다. 그래서 관객은 내 소리를 잘 듣는데, 정작 말하는 사람은 본인의 소리가 들리지 않으니 계속해서 더 큰 소리를 낼 수밖에 없다. 심지어 많은 사람이 그렇게 말하는 것을 보고 정답인 듯 착각해 그렇게 흉내 내기도 한다. 하지만 가장 듣기 좋은 말투는 바로 앞 사람과 이야기할 때 나누는 대화 정도의 말투이다.

많은 사람 앞에서 말하는 것은 노련한 50대에게도 도전적인 과제이다. 다양한 경험이 쌓였다고 해서 자연스럽게 말을 잘하게 되는 것은 아니기 때문이다. 그러나 풍부한 경험과 지혜가 훌륭한 스피치의 토대가 된다는 점은 분명하다. 50대가 그동안 쌓아온 자신만의 스토리, 콘텐츠를 자연스럽고 편안하게 말할 수 있는 방식을 익힌다면, 어떤 상황에서도 효과적으로 의사를 전달할 수 있을 것이다.

청중의
공감을 얻는 법

●

사람의 마음을 움직이는
에피소드

자신이 직접 경험하고 생각한 것을 말하라

말하기 코칭을 받은 박○○ 씨는 새로운 마음가짐으로 강연장에 섰다. 그는 마이크를 들고 청중을 바라보았다.

"여러분, 우리 모두 건강해지고 싶죠?"

그의 말투는 웅변조가 아닌 편안한 말투로 바뀌었다.

"제 아내 이야기 좀 들어보시겠어요?"

박○○ 씨는 전과 달리 딱딱한 이론이 아니라 아내와의 에피소드를 시작으로 체온과 건강의 관계를 설명했다. 그의 말에 웃음이 터지고, 고개를 끄덕이는 사람들이 늘어갔다. 공감이 형성된 것이다.

이렇게 말하기 방식이 변하자 사람들은 그의 이야기에 귀 기울이기 시작했고, 사업은 점차 성장했다. 그의 강의는 단순한 제품 소개가 아닌, 삶의 경험과 건강에 대한 깊은 통찰을 나누는 시간이 되었다. 박○○ 씨는 직접 경험한 스토리로 공감을 높이고, 대화하듯 교감하며 진정성 있게 말하는 법을 알게 된 것이다. 이렇게 그는 판매자에서 건강전도사로 거듭날 수 있었다.

공감의 힘

1998년부터 본격적으로 이 일을 시작하여 어느덧 25년이 되었다. 최소 3천 번 이상 마이크를 잡고 사람들 앞에서 얘기하며 전문가로 인정받았다. 대학에서는 MC와 레크리에이션 강의를 했으며 청와대에서 사회를 보았고, 인순이, 송대관, 김수희 등의 디너쇼와 콘서트 사회를 진행했다. 또한 가수 비와 이효리, 소녀시대, 원더걸스는 물론 현빈, 김태희, 한효주 등 당시 최고의 인기를 누리던 유명인들의 팬 미팅 사회와 공연을 도맡아 했다. 이 밖에도 수많은 기업 송년회와 단합대회 등의 사회를 진행해왔다. 이런 오랜 경험을 통해 배운 것 중 하나는 공감의 힘이 매우 중요하다는 사실이다.

공감 능력이 특히 필요할 때는 신나게 즐기는 행사를 진행할 때이다. 2부로 식이 나누어져 있는 경우 진행자 2명이 나누어 진행을 하기도 하는데, 이럴 때 나는 보통 2부를 맡는다. 1부 공식행사가 끝나면 사회자가 나를 소개한다. 내가 진행하는 2부 행사는 게임도 하고 춤도 추고 노래도 하는 여흥의 시간이다. 나는 공감할 수 있는 이야기로 모두가 적극적으로 행사에 동참하도록 유도하여 행사장에 모인 사람들이 하나가 되도록 분위기를 만든다.

스피치의 성공은 내용뿐만 아니라 전달 방식과 청중과의 관계 구축에서 온다. 특히 진정성 있는 이야기는 청중과 강력한 연결고리를 만들어내고, 메시지를 더욱 효과적으로 전달할 수 있게 해준다.

대화에서도 마찬가지다. 친구가 힘들어할 때 왜 힘들게 되었는지 분석해서 콕콕 짚어가며 얘기해주는 사람이 말을 잘하는 사람일까? 아니면 '힘들었겠구나, 내가 도와줄 방법을 찾아볼게!'와 같이 따뜻한 공감이 묻어나는 말을 하는 사람이 말 잘하는 사람일까? 고민할 필요도 없이 후자일 것이다. 즉 말을 잘한다는 것은 상대방의 마음을 잘 읽는 것이다.

기쁠 때 함께 기뻐하고, 슬플 땐 함께 울어줄 수 있다면 사람들은 당신을 더 믿고 신뢰할 것이다. 무엇보다 말로 표현할 수 없는 *끈끈함*을 얻을 수 있다.

그러면 공감을 잘하려면 어떻게 해야 할까? 일단 타인의 마음속으로 들어갈 수 있어야 한다. 그렇지 않으면 아무도 듣지 않는 교장 선생님의 훈화 말씀과 다를 바 없다. 지금까지 내가 마이크를 내려놓지 않을 수 있었던 것도 바로 이 공감 능력 때문이었다. 말하기의 진정한 힘은 정보의 정확성이 아니라 공감이 주는 마음의 온도에 있다는 것을 빨리 깨달을수록 말을 잘할 수 있게 된다.

키워드에 집중하라

●

강사가 된
초등학생 B군

쇼처럼 흥미롭고 멋있게

○○초등학교 5학년생 B군은 평범한 학생이 아니었다. B군은 '핫첩'이라는 회사의 공동 대표로, 아버지와 함께 특별한 소스를 시장에 출시했다. 이 독특한 부자의 사업 이야기를 아산재단의 기업가정신 특강에서 발표할 기회를 얻었을 때, 그들은 도움을 요청하러 나를 찾아왔다. 기업가정신 특강은 국내 최고의 기업인과 창업가가 모이는 자리였고, 그 자리에서의 발표는 B군과 회사의 미래에 좋은 영향을 줄 수도 있기 때문이었다.

준비한 것을 들어보니 B군의 발표는 확실히 인상적이었다. 발음도 또박또박하고 자신감이 넘쳤다. 학교에서 발표했다면 분명 A를 받았을 것이다. 하지만 공식적인 사업 스토리 발표 무대에 맞게 약간 조정할 필요가 있었다.

나는 B군에게 스티브 잡스의 아이폰 발표 영상을 보여준 뒤 직접 발표를 시연해주었다.

"쇼처럼 흥미롭고 멋있어야 해요. 관객들이 집중해서 나에게 관심을 갖게 만들어야 하지요. 그러기 위해서는 발표 자료를 읽는 것이 아니라 스피치를 즐겨야 해요."

나는 발표가 단순한 정보 전달이 아닌 강력한 스토리텔링이자 관객과의 교감이라는 것을 강조했다.

그러곤 B군의 발표 자료를 보니 글자가 빼곡했다. 이런 발표 자료는 발표자가 청중을 보지 않고 자료에만 몰두하게 만들 우려가 있다.

나는 형광펜을 건넸다.

"이제 이 발표 자료에서 가장 중요한 단어만 골라봐요."

B군은 천천히 키워드에 색을 칠했다.

"핫첩, 아빠의 비법…."

"이제 이 단어들을 종이에 옮겨 적고, 이야기를 만들어봐요."

그는 처음엔 조금 당황했지만, 발표가 시작되면서 자신의 이야기를 키워드를 통해 여유롭게 풀어나갔다. 키워드는 자신만의 스토리를 담고 있었기 때문에 문장이 아니어도 충분했다. 그러자 B군의 발표는 기존의 스크립트를 뛰어넘는 생동감 넘치는 이야기로 바뀌었다.

마지막으로 나는 무대에서 관객의 집중력을 끌어올리는 방법을 코칭했다. 발표 시작 전에는 자신감 넘치는 인사와 함께 박수를 요청하라고 했다. 별것 아닌 것 같지만 청중들이 이야기에 더욱 몰입하게 만드는 요긴한 팁이다.

발표 날, B군은 자신감 넘치게 무대에 섰다.

"안녕하세요? 저는 ○○초등학교 5학년 핫첩 대표 ○○○입니다. 여러분, 제가 지금부터 저의 사업 스토리를 이야기하려고 합니다. 큰 박수 주시면 더 멋진 발표를 할 수 있을 것 같습니다."

관객들의 웃음과 박수가 터져 나왔고, 흥미진진한 그의 이야기에 사람들은 푹 빠져들었다. 발표가 끝나자, 관중들은 기립박수와 환호로 그의 성공을 축하했다. 이 강연 후 그에게 또 다른 기회가 찾아왔다. 이화여대 창업대학원에서 B군의 강의가 인상적이었다며 특강 강사로 초청한 것이다.

이렇게 키워드 중심의 접근은 B군의 발표를 획기적으로 변화시켰다. 이 이야기는 복잡하고 빽빽한 스크립트에 의존하기보다 핵심 키워드를 중심으로 자신만의 이야기를 풀어나가는 것이 더 자연스럽고 설득력 있는 발표로 이어질 수 있다는 것을 알려주는 좋은 사례이다. 이 방법에 익숙해지면 많은 청중 앞에서도 자신의 메시지를 효과적으로 전달할 수 있을 것이다.

　　발표 시작 전 자신감 넘치는 인사와 함께 박수를 요청하는 것도 소소하지만 아주 주요한 전략이다. 이는 청중들의 주의를 집중시키고 발표자의 긴장을 풀어주는 효과가 있다. 청중과의 상호작용은 늘 발표의 성공을 좌우하는 중요한 요소가 된다.

청중을 사로잡는
차별화된 말하기

●

나만의
스타일 찾기

차별화된 말하기의 중요성

천 명이 넘는 관객이 모인 강연회의 사회를 맡았을 때의 일이다.
김경일 교수가 무대에 올라가기 전, 나는 열정적으로 그를 소개했
다. 그러나 관객들은 무대에 집중하지 못했다. 이때 김경일 교수
가 한마디로 분위기를 전환했다.

"여러분, TVN 〈어쩌다 어른〉에 나오는 저와 동갑인 설민석
씨 아세요? 제가 조금 살이 찐 탓에 사람들이 절 그와 동갑이라고
생각하지 않아요."

웃음이 관객석에서 터져 나왔다. 사람들은 아주 개인적인 이야기에 귀를 기울인다. 그래서 이렇게 자신의 개인적인 이야기로 처음을 시작하는 것은 아주 좋은 말하기 기술이다. 또한 이 짧은 말로 자신을 낮추고 상대방을 높이며 웃음을 끌어냈다는 것도 주목할 만한 점이다. 그 후로도 그는 관객의 관심을 절대로 놓치지 않았고 계속해서 웃음과 박수가 이어졌다.

김경일 교수는 심리학을 가르치는 인지심리학자다. 그는 자신의 전공 지식을 활용해 관객들의 호기심을 자극하며 복잡한 심리적 이론을 쉽고 친근한 언어로 설명한다.

"인지심리학은 인간과 인공지능의 차이점을 탐구하는 학문입니다. 컴퓨터가 느려질 때 바이러스 검사 대신 CPU 주변 먼지를 청소하듯 우리의 스트레스 원인도 때로는 예상치 못한 곳에 있기도 하죠."

김경일 교수는 이렇게 비유를 들어 쉽고 명쾌하게 설명하여 복잡한 개념을 쉽게 이해할 수 있게 한다. 차별화된 스타일로 어떻게 대중을 매혹시키고, 소통할 수 있는지를 잘 보여주는 예이다. 이러한 자신만의 방식으로 김경일 교수는 '강의계의 BTS'라는 별명을 얻었다. 그는 일주일에 최대 10개 이상의 강연을 하며, 연간 100회 이상의 세미나, 학회, 포럼, 방송, 유튜브 활동을 이어가고 있다.

어떻게 나만의 스타일을 만들 것인가?

차별화는 단순히 다르게 보이는 것이 아니다. 그것은 나만의 고유한 가치를 찾아 표현하는 것이다. 이를 위해 우리는 다음 두 가지에 집중해야 한다.

먼저, 스피치의 차별화를 위해서 "내가 전달하고자 하는 메시지는 무엇인가?"라는 질문에 답할 수 있어야 한다. 단순히 말하고 싶은 것을 나열하는 것이 아니다. 당신만의 독특한 경험, 통찰, 가치관을 바탕으로 청중에게 어떤 변화를 일으키고 싶은지 고민해야 한다.

다음으로 이미지의 차별화를 위해 "나만의 독특한 스타일은 무엇인가?"라는 질문에 답할 수 있어야 한다. 여기서 스타일은 옷차림만을 의미하지 않는다. 당신의 말투, 몸짓, 표정, 그리고 전반적인 아우라를 포함한다. 내 성격과 가치관을 가장 잘 표현하는 방식을 찾는 것은 차별화의 좋은 전략이다.

여러분은 모두 독특하고 가치 있는 존재이다. 그 독특함을 찾아 표현하는 것, 그것이 바로 차별화의 핵심이다. 그리고 그것이 바로 당신만의 브랜드가 될 것이다.

봉준호 감독의 "가장 개인적인 것이 가장 창의적인 것이라는 마틴 스코세이지 감독의 말을 기억하고 있다."라는 아카데미 감독상 수상 소감은 세계적으로 회자가 되었다. 마틴 스코세이지 감독에 대한 존경과 자신의 철학을 잘 담아낸 수상 소감이다. 이 말처럼 우리 각자의 고유한 경험과 관점은 가장 강력한 소통의 도구가 될 수 있다. 자신만의 이야기를 발견하고, 그것을 효과적으로 전달하는 방법을 익히자. 그것이 바로 당신을 차별화하고 청중의 마음을 움직이는 길이다. 당신만의 특별한 이야기를 찾고 그것을 세상과 나누는 과정에서 당신은 더욱 성장하고, 더 많은 사람들의 마음을 열 수 있을 것이다.

진솔한 자신만의 이야기는 모두 특별하다

성북구청에서 주최한 '말 잘하는 사람 되기' 프로그램의 강의를 맡은 적이 있다. 참여자들은 대부분 50대에서 70대 여성분들이었다. 총 6주 과정이었는데 참가자들이 자신의 이야기를 발견하고 그것을 통해 스피치의 두려움을 극복하는 여정이었다.

첫 주에는 참가자들에게 왜 이 강의를 신청했는지 묻고 1분씩 자기소개를 발표하게 하였다. 대부분 남 앞에서 말하는 것에 두려움이 있어 1분이라는 시간을 채우지 못했다. 하지만 2주가 되면서 상황은 달라졌다. 말하기를 두려워하던 참가자들이 점차 말에 재미를 붙이기 시작한 것이다. 심지어 한번 마이크를 잡으면 멈추려 들지 않아 제한시간을 정해 그 이상 말하면 벌금을 내야 할 정도였다. 어떻게 이런 변화가 생겼을까?

내 강의의 첫 번째 목표는 긴장을 풀고 마인드를 바꾸는 것이었다. 서로에게 건네는 웃음과 박수는 참가자들에게 큰 자신감을 심어주었다. 그들은 자신의 소소한 이야기에 다른 사람들이 이토록 열광적으로 반응할 것이라고는 전혀 예상하지 못했다고 한다. 시간이 지날수록 참가자들의 표정과 목소리에서 즐거움이 느껴졌다.

개인의 진솔한 이야기에는 힘이 있다. 대부분 대중 앞에서 거창하고 멋진 이야기를 하려고 하지만 사람들은 그런 이야기에 마음을 열지 않는다. 가장 개인적인 이야기는 가장 독창적이며 사람들의 마음을 움직인다. 참가자들이 이 점을 깨닫자 그들의 스피치는 눈에 띄게 개선되었다.

나는 이 강의를 통해 다시 한번 자신의 이야기를 담담하게 전달하는 것이야말로 진정한 스피치임을 깨달았다. 차별화는 단순히 다르기만 한 것이 아니다. 그것은 우리 각자가 가진 독특한 가치와 개성을 세상에 표현하는 방법이다. 모든 사람은 자신만의 특별함을 가지고 있다. 그런데 다른 사람을 쳐다보고 부러워하느라 자신만의 특별함을 잘 모르는 경우가 많다.

자신의 이야기를 나누는 것은 자기 자신을 더 깊이 이해하는 과정이기도 하다. 우리는 자신의 경험을 돌아보고 그것을 언어로 표현하면서 새로운 통찰을 얻게 되고, 자신의 가치를 재발견하게 된다.

그날의 기분이
그날의 말이 된다

●

바보야,
문제는 너의 기분이야

옆집 강아지 배변 사건

인천 송도의 한 호텔에서 열리는 기업창립 행사의 사회를 보기로
한 날이었다. 새로 산 구두를 신고 현관 거울 앞에서 넥타이를 고
쳐 매며 나는 깊은 숨을 내쉬었다.

"오늘도 잘하자."

나 자신에게 이야기하며 자신감을 올려본다. 하지만 운명이
나를 비웃기라도 하듯 현관문을 나서자마자 옆집 강아지의 배설
물을 정통으로 밟고 말았다.

"악! 내 구두!"

내 얼굴은 순식간에 붉어졌다. 이번이 처음이 아니었다. 며칠 전에도 그 녀석의 소변을 밟았다. 한두 번도 아니고 화가 머리끝까지 났다.

"옆집입니다. 나와보세요."

나는 분노를 참지 못하고 초인종을 눌렀다.

문이 열리고 옆집 아주머니가 나왔다.

"뭐예요?"

아주머니의 목소리에는 짜증이 가득했다.

"또 이 집 강아지가 우리 집 앞에 똥을 쌌어요. 왜 본인 집 앞도 아니고 우리 집 앞에 싸게 하나요?"

"별것도 아닌 거 가지고 그러세요. 치워드리면 되잖아요."

입술을 깨물었다. 더 이상의 말다툼은 무의미했다. 나는 발걸음을 돌려 호텔로 향했다.

행사장에 도착했지만, 계속 옆집 아주머니의 행동이 떠올랐다. 무대에 오르자 나는 평소와 다른 자신을 발견했다. 집중력이 흐트러지고, 말의 흐름이 매끄럽지 못했던 것이다.

'이게 다 옆집 때문이야.'

나는 속으로 중얼거렸다. 하지만 무대를 내려오며 나는 깨달았다.

'아니야, 이건 내 잘못이야. 내가 감정을 잘 컨트롤하지 못한

거야.'

　행사를 잘하지 못한 건 내 책임이다. 화를 누르지 못한 건 바로 나였으니까. 옆집 아주머니가 그렇게 나올 게 뻔한데 굳이 행사하러 가는 길에 부를 필요는 없었다. 결국 무대에 오르기 전에 최상의 기분을 만들지 못한 건 나의 탓이었다.

　한번은 행사 직전에 친한 분의 부고 문자를 받은 적이 있다. 목이 메어왔다. 급하게 폰을 주머니에 넣고 무대로 향했지만 나의 마음은 이미 슬픔에 잠겼다.

　"안녕하십니까, 여러분."

　웃으며 인사를 했지만 역시나 평소의 활기찬 목소리가 나오지 않았다. 톤이 평소보다 낮고 왠지 힘이 없었다.

　행사 날 아침 돈을 빌려달라는 지인의 문자를 받은 적도 있다.

　"호선아, 나 민수야. 미안한데 급하게 500만 원만 빌려줄 수 있어? 내일 아침까지만⋯."

　보자마자 갑자기 머릿속이 복잡해졌다. 행사가 시작되어 입으로는 환영사를 읊고 있었지만 나의 머릿속은 온통 민수의 일로 가득 찼다.

　그 후로 나는 행사 전이나 중간에 핸드폰을 보지 않는다. 언제나 힘이 넘치는 목소리, 관객을 사로잡는 집중력을 얻기 위해 꼭 지켜야 하는 일이다.

　무대 위의 나는 오직 관객을 위해 존재한다고 생각하는 것이 중요하다. 집중, 그리고 현재에 충실하기. 이게 바로 진정한 프로의 자세다.

그날의 기분과 컨디션을 관리하라

25년. 무대 위에서 마이크를 잡고 사람들과 소통해온 시간이다. 때로는 내 기대 이상으로 분위기가 좋았고, 때로는 준비한 만큼의 만족을 얻지 못했다. 왜일까? 그 이유를 찾아 헤매던 어느 날, 문득 깨달았다. 모든 것은 '나'로부터 시작된다는 것을 말이다. 내 기분이 좋고 컨디션이 최상일 때, 그날의 진행도 최고였던 것이다. 그렇게 나는 스스로를 들여다보기 시작했다. 그리고 나의 기분과 컨디션을 관리하는 비결을 하나씩 찾아냈다.

첫째, 마이크를 잡기 전까지 긍정적인 생각을 한다. 아침에 일어나 샤워를 할 때도 오늘 만날 참가자들을 위해 조용히 기도한다.

사소한 언쟁을 피하는 것, 이것이 두 번째 비결이다. 크고 작은 다툼 후에는 어떤 대화도 최상이 될 수 없다는 걸 경험으로 알고 있기 때문이다. 예를 들어, 주차 시비가 일어날 뻔해도 기분 좋게 양보한다. 이기는 게 진짜 이기는 게 아니다. 작은 일로 기분을 망치면 더 큰 것을 잃을 수 있다.

셋째, 기분을 끌어올려야 한다. 강연장으로 향하는 차 안에서 나는 가장 사랑하는 이와의 추억을 떠올린다. 그리고 곧 만날 청중들이 박수 치며 환호하는 모습을 떠올린다.

넷째, 자신을 믿어야 한다. 무대 뒤에서 대기하며, 깊게 숨을 고르고 나 자신에게 말하곤 한다. "이 무대의 주인공은 나야."

그리고 간단한 운동으로 긴장을 이완시키는 것이 다섯 번째 비결이다. 긴장이 될 때는 산책을 하며 몸을 이완하는 것이 큰 도움이 된다.

이렇게 기분과 마인드를 세팅하고 무대에 올라 마이크를 잡는 순간, 나는 '행복의 전도사'가 된다.

이 다섯 가지 비결은 단순히 무대 위의 말하기를 위한 것만은 아니다. 일상의 모든 대화에도 적용할 수 있다. 한 가지 팁을 추가하자면 약속 날 만약 몸이 아프거나 컨디션이 안 좋다면, 상대방에게 양해를 구하고 가급적 약속 날짜를 다시 잡는 것이 좋다. 그래야 좋은 대화를 나눌 수 있다.

25년이란 시간 동안 나는 말하기를 통해 성장했고, 그 과정에서 나 자신을 발견했다. 때로는 상황이 내 뜻대로 되지 않을 때도 있었다. 하지만 나의 기분이나 컨디션만큼은 내가 조절할 수 있지 않은가.

말하기는 단순한 기술이 아니다. 그것은 자신을 표현하고, 타인과 소통하며, 세상과 관계 맺는 방식이다. 그리고 좋은 말하기와 대화의 시작은 나로부터 시작된다.

감정을 다스리는 법

영국이 가장 사랑하는 정치인, 윈스턴 처칠이 첫 하원의원 선거에 출마했을 때 상대 후보는 인신공격을 마다하지 않았다.

"처칠은 늦잠꾸러기라고 합니다. 저렇게 게으른 사람을 의회에 보내서야 되겠습니까?"

그러나 그는 아무렇지도 않게 응수했다.

"여러분도 나처럼 예쁜 아내를 데리고 산다면 아침에 결코 일찍 일어날 수 없을 것입니다."

이내 폭소가 터져나왔다. 처칠이 상대의 비판을 유머로 무력화시킨 것이다.

처칠의 이 일화는 감정 조절의 중요성을 잘 보여준다. 그는 상대방의 공격에 분노하거나 당황하지 않고, 오히려 유머로 대응하여 상황을 자신에게 유리하게 만들었다.

감정을 다스리는 능력은 정치인뿐만 아니라 우리 모두에게 필요한 중요한 기술이다. 일상생활에서 우리는 수많은 도전과 스트레스에 직면한다. 살다 보면 원하든 원하지 않든 화날 일이 생길 수밖에 없다. 이때 우리의 반응과 대처가 상황의 결과를 좌우하게 된다.

화를 다스리지 못하면 가장 큰 손해는 본인에게 생긴다. 그래서 일상생활에서도 감정의 중요성을 인식하고 대처하는 법을 배우는 것이 중요하다. 화가 났을 때는 호흡을 깊게 들이마시고 내쉬면서 감정조절을 해야 한다. 별 것 아닌 것 같지만 깊은 호흡을 하면 평정심을 찾는 데 큰 도움이 된다.

그렇다고 끓어오르는 화를 무조건 참기만 하라는 것은 아니다. 화가 쌓이면 스트레스를 받아 건강에도 좋지 않다. 우리는 화를 잘 다스려서 자신의 감정을 잘 지켜야 한다. 화만 잘 다스려도 좋은 대화를 나누고 싶거나 누군가를 설득할 때, 또는 청중 앞에서 연설을 할 때 많은 도움이 된다.

스피치 전
감정을 다스리는 방법

깊은 호흡하기 | 화가 났을 때는 깊게 숨을 들이마시고 천천히 내쉬어보자. 몇 번 반복하면 마음이 진정된다.

잠시 현장 벗어나기 | 스피치 전에 짧게 현장을 벗어나 마음을 가라앉히는 것이 좋다. 조용한 곳에서 몇 분간 혼자 시간을 가져보자.

긍정적인 말 반복하기 | 스스로 긍정적인 말을 반복한다. "나는 진정될 수 있다.", "나는 이 상황을 잘 해결할 수 있다." 등의 문구를 사용해보자.

시각화 연습하기 | 스피치를 성공적으로 마치는 모습을 머릿속에 그려보자. 이러한 시각화는 긴장을 완화하는 데 도

움이 된다.

스트레칭이나 가벼운 운동하기 | 간단한 스트레칭이나 가벼운 운동으로 화난 마음을 풀어보자. 이는 몸과 마음을 이완시키는 데 효과적이다.

짧은 명상하기 | 명상은 긴장과 화를 진정시키는 데 효과적이다. 잠시 눈을 감고 현재 순간에 집중하며 마음을 가라앉혀 보자.

결정적인 순간
머뭇거리는 당신에게

●

자신감을 위한
마인드 세팅

일단 내 실력을 보여주는 거야

군대를 제대하고 복학을 준비하던 시기에 나는 강남대로변에 있는 은행이나 증권사 등에서 냉온수기를 소독하는 아르바이트를 했다. 그날도 종일 냉온수기 소독을 하고 일을 하고 있는데 대학선배로부터 전화가 왔다. 선배는 나보다 3년 선배로, 졸업 후 MC로 활동하고 있었다.

"호선아, 어디니?"

"선릉역 주변에서 냉온수기 소독 알바 중입니다."

"하하하, 그래? 알바 마치고 시간 되면 두산빌딩 13층에 있는 ○○○ 광고회사로 와라."

아르바이트를 마치고 찾아간 그곳에서는 예상치 못한 광경이 기다리고 있었다. 물어보니 OB맥주 랄랄라 댄스 콘테스트 MC를 선발하고 있다고 했다. OB맥주에서 새롭게 광고가 나왔는데, 모델은 그 당시 최고의 인기스타였던 박중훈 씨였다. 광고 속에서 그는 OB맥주를 손에 들고 '랄랄라'노래에 맞춰 경쾌한 춤을 선보였다. 그리고 이 광고가 대중의 큰 호응을 얻으면서, OB맥주 측은 랄랄라 댄스 대회를 대학 축제에서 개최하기로 결정한 것이다. 선배가 부른 그곳은 바로 이 대학 축제의 댄스 대회를 진행할 MC를 선발하는 자리였다.

"너도 한번 오디션 보라고 불렀어."

학교 행사에서 내가 사회 보는걸 본 대학 선배는 내게 좋은 기회라고 생각하고 그 장소에 부른 것이다. 나는 순간 얼어붙었다.

'이 복장으로 어떻게 오디션을 보지?'

'내가 시험 본다고 날고 기는 선배들과 겨뤄서 합격할 수 있겠어?'

'프로 MC가 아닌 내가 할 수 있을까?'

여러 가지 걱정이 밀려왔다. 누구 하나 뭐라고 하는 사람이 없었지만 나의 자신감은 점점 작아지고 있었다.

"안녕하세요. MC 이호선입니다. 지~금부…터… 아, 도저히 못하겠어요."

어떻게 이렇게 떨릴 수가 있을까? 나는 오디션을 보다가 중간에 멈출 수밖에 없었다. 정말 쥐구멍에라도 숨고 싶었다.

그때 선배의 날카로운 일침이 날아왔다.

"MC를 하겠다는 놈이 왜 이렇게 자신감이 없어? MC가 언제나 준비된 것만 할 수 있겠니? 너 오디션 하나 제대로 못 보면 평생 MC 못 한다. 이런 작은 오디션도 떨려서 못하는 놈이 100명, 천 명 앞에서 어떻게 마이크를 잡고 MC를 하겠어?"

선배의 이 말에 나는 정신이 번쩍 들었다. MC가 하고 싶어 대학에 갔고, 나름 아마추어 무대에서 인정까지 받았는데 이까짓 것 못할 게 없었다. 여기서 포기하면 언제 다시 기회가 올지 모른다. 그리고 무엇보다 잃어버린 자신감을 찾고 싶었다.

'그냥 즐기자. 한번 해보는 거야. 떨어지면 어때? 일단 내 실력을 보여주는 거야. 나의 진짜 모습을 보여주고, 결정은 오디션 심사위원들에게 맡기자. 떨어지든 실패하든 그런 거 상관하지 말고, 당당한 모습을 보여주자.'

이렇게 마음을 먹으니 자신감이 차올랐다.

"다시 한번 기회를 주세요. 멋지게 해보겠습니다. 한 번 더 오디션을 보게 해주세요."

내가 사정사정하자, 한 번의 기회가 더 찾아왔다. 그때까지 마땅한 MC를 선발하지 못한 관계자들이 큰 기대 없이 한 번의 기회를 더 준 것이다.

"안녕하세요? MC 1호선도 3호선도 아닌 MC 이호선입니다. 지금부터 OB라거 랄랄라 댄스 콘테스트를 시작하겠습니다. 춤에 자신 있다, 내가 춤만 추면 사람들이 웃겨 죽는다, 선물에 욕심이 있다 하는 분들 무대로 올라오세요. 같이 랄랄라 댄스 추시죠. 랄랄라~~ 랄랄라~ 랄랄라!"

이렇게 나는 OB라거 랄랄라 댄스 콘테스트 MC가 되었다. 복학 후에는 학교생활과 MC를 병행하며 전국 대학축제 MC로 왕성한 활동을 시작했다. 등록금과 생활비 때문에 부모님께 손 벌릴 필요도 없었고, 자동차도 사서 윤택한 대학생활을 즐길 수도 있었다. 만약 그때 포기했더라면, 지금의 MC 이호선은 없었을 것이다.

두려움, 그것은 아무것도 아니다

나에게 코칭을 받으러 온 20대 후반의 젊은 경영자가 있었다. 그는 갑작스럽게 가업인 골프 관련 기업을 승계하게 되었다. 회사 내부에는 2세 경영인에 대한 불신과 오래된 임직원의 불만, 전문 경영자를 두지 않은 데 대한 젊은 세대의 실망이 팽배해 있었다. 이 모든 것이 언제든 터질 것처럼 부글부글 끓고 있어 그는 잔뜩 긴장한 상황이었다. 그런 그에게 첫 번째 도전은 베테랑 직원들

앞에서 취임사 스피치를 하는 것이었다.

이 도전을 극복하기 위해 그는 나와 함께 스피치 수업을 시작했다. 코칭의 첫 단계는 마인드셋이었다. 아무래도 나이 많고 회사 생활도 오래 한 직원들 앞에서 이야기하는 것이 큰 부담인 듯했다. 무엇보다 자신을 부정적으로 볼 것이라는 생각이 그의 자신감을 떨어뜨리고 있었다.

"그건 어디까지나 생각일 뿐입니다. 당신은 그 자리에 있을 자격이 충분합니다. 직원들도 당신을 좋아하고 따를 것이고요. 그 자리에 오를 만한 자격이 있으니 오른 것입니다. 혼자 그런 걱정을 할 필요가 없습니다. 자신감을 갖고 취임사를 준비하는 것과 걱정하며 준비하는 것은 큰 차이가 있습니다. 사람들이 당신에게 얼마나 기대를 하고 있는지, 얼마나 호감을 가지고 환영할지를 상상하며 준비해보세요."

나의 조언에 용기를 얻은 듯 이때부터 그는 방대한 자료를 습득하고 아버지를 비롯한 회사 직원들과 대화하면서 회사에 대한 깊은 이해를 구축했다. 그리고 그 과정에서 다른 사람들의 경험과 지식을 자신의 것으로 만들었다. 이러한 노력이 뒷받침되어 발표는 풍부한 스토리텔링으로 생동감이 넘쳤다. 회사의 가치와 비전을 감동적으로 전달한 성공적인 발표였다.

그 후 그는 회장님과 회사 직원들의 신뢰를 받기 시작했고, 현재 새로운 사업을 책임지고 있다.

얼마 전에는 해외 프로젝트 때문에 유럽에 다녀온 그가 전화를 걸어왔다.

"제가 영어실력이 부족한 편인데, 이번 출장에서는 외국인과 말이 잘 통했어요. 발표할 때도 제 실력보다 말이 잘 나왔고요."

두려움을 이겨내고 이제 대중 앞에서 당당하게 말할 수 있게 되자 영어로 하는 발표도 평소보다 훨씬 훌륭한 실력으로 해낼 수 있었던 것이다. 스피치를 하는 데 있어 가장 중요한 것은 외국어 실력보다 자신감이다. 무엇보다 상대방이 나에게 호감을 느끼게 만들어야 하기 때문이다.

이 사례는 스피치의 성공이 마인드셋과 깊은 이해, 그리고 감정적 연결에 기반한다는 것을 보여준다. 이 젊은 경영자는 명확한 목적의식과 긍정적이고 자신감 있는 자세, 청중과의 깊은 공감을 통해 스피치를 효과적으로 전달하였다.

리더에게 말하기는 두말할 필요 없이 중요하다. 장자는 "천하의 사람들을 이끌려면 사람들의 마음을 먼저 이끌어야 한다."라고 말했다.

남에게 강요하지 않고 스스로 움직여 마음을 사로잡는 것이 진정한 리더십의 길이다.

자신감 쑥쑥 키우는 방법

"자신감이 성공적인 스피치의 열쇠입니다."라고 이야기하면 많은 사람들이 "누구는 자신감이 없고 싶어서 없나요?", "저도 자신감이 있으면 좋겠다고요."라고 말한다. 하지만 자신감은 노력만 하면 키울 수 있다. 내가 생각하는 자신감을 키우는 세 가지 핵심 방법은 다음과 같다.

첫 번째는 자기 대화로 긍정적인 말을 반복하는 것이다. 예를 들어, "나는 충분히 잘할 수 있다.", "나는 가치 있는 사람이다." 등의 긍정적인 말을 스스로에게 하면서 자신감을 높여본다. 이러한 긍정적인 자기 대화는 단순한 말 그 이상의 효과가 있다. 뇌과학 연구에 따르면, 우리가 반복적으로 하는 생각은 뇌의 신경 회로를 강화시킨다. 따라서 긍정적인 자기 대화를 지속하면 실제로 우리 뇌는 더 긍정적이고 자신감 있는 방향으로 변화하게 된다.

두 번째 방법은 작은 목표를 설정하고 달성하는 것이다. 작은 성공 경험을 쌓아가는 과정을 반복하면 큰 자신감으로 이어질 수 있다.

예를 들어, 매일 팔굽혀펴기 5회 하기, 매일 책 10장 읽기 등 쉽게 할 수 있는 목표들을 꾸준히 달성해 나가면 자신의 능력에 대한 믿음이 커지고 더 큰 도전에 대한 자신감도 생기게 되는 것이다.

목표 달성의 과정에서 중요한 것은 자신의 성취를 인정하고 축하하는 것이다. 작은 성공이라도 스스로를 칭찬하고 격려하자.

세 번째 방법은 성공적인 상황을 머릿속에서 시각화하는 것이다. 이는 실제 상황에 대비하는 효과적인 준비 방법이며 동시에 자신감을 높이는 강력한 도구이다. 예를 들어, 중요한 발표를 앞두고 있다면 그 상황을 성공적으로 수행하는 자신의 모습을 자세히 상상해보자. 청중들이 당신의 말에 집중하고 있는 모습, 당신이 자신 있게 말하는 모습, 발표 후 청중들이 박수를 치는 모습 등을 구체적으로 그려보자.

이러한 시각화 과정은 실제 상황에서 더 자신감 있게 행동할 수 있도록 도와준다. 만약 면접을 앞두고 있다면 면접관과 자신 있게 대화를 나누는 모습, 질문에 명확하게 답변하는 모습, 면접관이 만족스러워하는 표정 등을 상상해보자. 이런 긍정적인 이미지를 반복해서 떠올리면, 실제 상황에서 더 침착하고 자신감 있게 대처할 수 있다.

내 이야기를 들어주는 존재, 카메라

현대 사회에서는 사람 대 사람의 대화, 청중 앞에서의 스피치뿐 아니라 카메라 앞에서의 자신감도 중요한 경쟁력이 되고 있다.

나는 '카메라 공포증' 하면 한 제약회사 사장님이 떠오른다.

이 사장님은 회사의 제품 홍보를 위해 유튜브 인터뷰에 참여했다. 이 영상은 50만 구독자를 보유한 유명 유튜브 채널에 게시될 예정이어서 그의 긴장감은 더욱 컸다. 그는 인터뷰를 잘하기 위해 빼곡히 준비한 메모지를 준비했는데 그게 오히려 방해가 되었다. 카메라를 보고 이야기를 해야 하는데 메모지의 내용을 틀리지 않고 말하기 위해 집중한 나머지 메모지를 읽은 꼴이 되었기 때문이다. 거의 낭독 수준이다 보니 시선이 불안해질 수밖에 없었다. 당연히 말도 어색했다. 메모를 정확히 암기하지 못했다는 불안감은 그를 더욱 불안하게 만들었다. 떨리는 목소리와 흔들리는 눈빛 등 긴장된 모습이 그대로 나타난 인터뷰 영상을 유튜브에 올리기는 어려웠고, 일주일 후에 재촬영이 결정되었다.

궁지에 몰린 그는 나를 찾아왔다. 그런데 신기하게도 영상과는 달리 그는 내 앞에서 말을 잘했다. 영상 속 질문을 내가 그대로 했는데도 너무나도 자연스럽게 설명하는 것이 아닌가?

나는 그에게 카메라와 대화하는 법을 가르쳤다.

"카메라 앞에서 말해본 경험이 없으면 당연히 긴장됩니다. 카메라를 생명체처럼 여기세요."

하지만 몇 번 다시 해보아도 여전히 어색하고 부자연스러웠다. 나는 전략을 바꿔 카메라 바로 뒤에 앉아 카메라가 아니라 나를 보고 대화하는 것처럼 말하게 했다. 반복해서 연습하자 다행히도 그의 긴장감은 서서히 줄어들었다. 그가 마침내 카메라와 눈을 맞추고 자연스럽게 이야기하기 시작할 때 나는 그의 변화를 느낄 수 있었다.

문제는 촬영일에 어떻게 할 것인가였다. 고민을 하다가 나는 묘수를 생각해냈다.

"촬영할 때 가장 편한 직원을 카메라 뒤에 앉히세요."

촬영 당일, 전과 달리 목소리는 또렷했고 표정은 자신감에 가득 찼다.

"안녕하세요, 저는 ○○제약의 정○○ 사장입니다."

카메라 뒤에 앉은 젊은 직원은 사장의 자신감 가득 찬 목소리를 듣고 미소 지었고 그의 긴장감은 눈 녹듯 사라졌다. 이 인터뷰 영상은 회사 제품을 널리 알리는 데 큰 역할을 했다. 그리고 그는 깨달았다. 카메라가 두려움의 대상이 아니라 그의 이야기를 세상에 전하는 친구라는 것을 말이다.

카메라와의 대화 능력은 현대 비즈니스 환경에서 매우 중요하다. 사람은 고개도 끄덕거려주고 미소도 지으면서 나의 이야기에 반응해준다. 하지만 카메라는 벽을 보고 이야기하는 것처럼 아무런 반응이 없다.

그래서 상상력이 필요하다. 카메라를 항상 응원을 해주는 부모님처럼 내 이야기를 적극적으로 들어주는 존재로 생각해야 한다. 그 눈이 나를 긍정하고 나의 이야기에 미소를 짓고 있다고 생각하자. 실제로 카메라를 통해 나의 이야기를 수백, 수천 명이 보며 미소 지을 수 있다.

수백, 수천 명이 있는 자리에서든, 카메라가 앞에 놓인 촬영 장소이든 가장 중요한 건 잘할 수 있다는 생각과 자신을 믿는 마음이다. 이 마음이 바로 자신감의 근원이 된다.

"난 잘할 수 있다. 난 세상이라는 무대의 주인공이다."

이러한 생각은 자신감을 높이고 강화하는 데 도움이 된다. 그리고 가장 중요한 것은 일관성과 인내심을 가지고 꾸준히 연습하고 실천하는 데 있다.

아는 만큼
말할 수 있다

●

팔고 싶은 상품을 정확하게
이해하고 있는가?

외워서 말해서는 설득할 수 없다

50대 중반의 손○○ 씨는 자녀들을 모두 독립시키고 보험설계사 일을 시작한지 벌써 3년째였다. 처음엔 주변의 도움으로 꽤 괜찮은 실적을 올렸지만, 최근 들어 신규 가입 고객이 눈에 띄게 줄어들고 있었다. 그녀의 주요 문제점은 고객에게 보험 상품을 설명하는 데 어려움을 겪는다는 것이었고 그래서 나를 찾아온 것이다.

"실은 어머니 실손보험이 필요해서요. 어떤 게 좋을까요?"

마침 어머니 실손보험을 들 참이라 내가 묻자 설명이 시작되었지만, 나는 곧 미간을 찌푸렸다. 그녀의 말을 듣고 있자니 무슨 내용인지 전혀 이해할 수 없었다.

"조금만 더 쉽게 설명해 주실 수 있나요?"

그러나 설명은 오히려 더 복잡해졌다. 그녀의 눈빛에서 불안함이 느껴졌다.

"혹시 관련 문서나 내용을 보여주실 수 있나요?"

그녀는 당황한 듯 서류 가방을 뒤적거렸지만, 결국 아무것도 찾지 못했다.

나는 조심스럽게 물었다.

"이 내용을 정확히 이해하고 계신가요?"

잠시 침묵이 흘렀다. 그리고 손○○ 씨 눈에서 눈물이 주르륵 흘렀다.

"사실… 잘 모르겠어요. 그냥 외워서 말하는 거예요."

솔직한 고백이었다.

"괜찮아요. 이제부터 어떻게 하면 좋을지 함께 생각해봐요."

우리는 오랜 시간 이야기를 나눴다. 나는 제품에 대해 꾸준히 공부하고, 지점에서 가장 설명을 잘하는 선배에게 과외를 받아보라고 조언했다.

"모르는 건 계속 물어보세요. 확실히 이해할 때까지요."

단순히 정보를 암기하는 것과 그 정보를 이해하고 말하는 것은 완전히 다르다. 상대를 설득하려면 무엇보다 깊은 이해가 우선되어야 한다.

2주 후, 손○○ 씨는 자신감 넘치는 모습으로 다시 나를 찾아왔다.

"원장님, 이번엔 제가 꼭 맞는 실손보험을 추천해 드릴게요."

그녀의 설명은 명확하고 이해하기 쉬웠다. 그녀는 내 상황에 맞는 상품을 자신 있게 추천했고, 나는 그 자리에서 가입을 결정했다.

"정말 대단해요. 완전히 달라지셨어요!"

손○○ 씨는 밝게 웃었다.

"네, 이제야 제가 하는 일을 진정으로 이해하게 된 것 같아요. 앞으로도 계속 공부하고 발전할 거예요."

이후 보험 판매 성과는 눈에 띄게 좋아졌다. 2주간의 집중적인 학습 후, 훨씬 더 자신감 있고 설득력 있게 보험 상품을 설명할 수 있게 되었고 이것이 고객의 신뢰를 얻는 데 큰 도움이 되었던 것이다. 그녀는 그냥 판매원이 아닌, 고객의 신뢰를 받는 전문가로 성장해갔다. 이렇게 전문성은 신뢰로 이어진다.

'완벽한 스피치'보다는 '효과적인 소통'에 집중하라

●

완벽주의라는 양날의 검

완벽주의자 최○○ 학생의 고민

내가 운영하는 스피치 아카데미에 부녀가 찾아온 적이 있다. 아버지는 딸을 걱정스러운 눈빛으로 바라보며 말했다.

"선생님, 우리 딸 좀 잘 부탁드립니다."

딸 최○○ 학생은 교대생이라고 했다. 학생의 눈빛에서 열정과 동시에 불안함이 느껴졌다.

"앉으세요. 무엇 때문에 저를 찾아오셨나요?"

학생은 조심스럽게 입을 열었다.

"저는 내년에 임용고시를 앞두고 있어요. 교사가 되면 학생들 앞에서 수업해야 하는데… 사실 여러 사람 앞에서 말하는 게 너무 어려워요."

그녀의 목소리는 작았지만 또렷했다.

"말하기에서 어떤 점을 고치고 싶나요?"

내가 물었다.

"발음과 발성을 고치고 싶어요."

그러나 발음이나 발성에 특별한 문제는 없어 보였다.

"간단한 자기소개를 30초만 해보시겠어요?"

그 순간 학생의 얼굴이 확 굳어졌다. 조금 전까지 또렷하게 말했는데 갑자기 더듬거리기 시작했다.

"저… 저는… 음… 교대에 다니는 최○○라고 합니다. 저는… 어… 내년에 임용고시를….”

목소리가 점점 작아지더니 결국 말끝을 흐렸다. 나는 그제서야 그 학생의 진짜 문제를 알 수 있었다.

"혹시 완벽주의 성향이 있나요?"

학생은 놀란 듯 고개를 들었다.

"어떻게 아셨어요?"

"보통 학교에서 과제가 주어졌을 때 시간 안에 끝내는 것이 어려운가요?"

학생은 고개를 끄덕였다.

"네, 맞아요. 항상 더 잘하고 싶어서… 결국 마무리를 못하는 경우가 많아요."

내 짐작이 맞았다. 말하는 동안 더 좋고 완벽한 표현을 찾으려다 보니 오히려 말의 흐름이 끊기고 마무리를 하지 못하는 상황이 발생한 것이다.

"완벽주의를 탓하려는 게 아니에요. 완벽주의는 양날의 검과 같아요. 높은 기준은 좋은 결과를 만들 수 있지만, 실시간 소통에서는 오히려 방해가 될 수 있죠. 우리의 목표는 '완벽한 스피치'가 아니라 '효과적인 소통'이 되어야 해요."

"그럼 어떻게 해야 할까요?"

"앞으로 우리는 실전과 유사한 환경에서 많이 연습할 거예요. 이론과 실제는 다르니까요. 경험을 쌓다 보면 마음도 편해지고 자신감도 생길 거예요."

학생의 표정이 밝아졌다.

"정말 감사합니다, 선생님. 이제 어떻게 해야 할지 조금은 알 것 같아요."

나는 자신의 약점을 개선하려고 노력하는 최○○ 학생이 대견했다. 그 후 꾸준한 연습을 통해 최○○ 학생은 편안한 마음으로 스피치를 할 수 있게 되었고, 눈에 띄게 실력도 좋아졌다. 역시 실제 상황에서 스피치를 잘하는 방법은 연습, 또 연습이다.

자리가
집중도를 결정한다

●

공간을 지배하는 자,
청중의 마음을 얻는다

관객을 집중시키는 숨은 열쇠, 자리 배치

관객도 좋은 무대를 만드는 주체이다. 성공적인 행사는 발표자나 MC의 능력만으로 이루어지지 않는다. 행사의 성패를 좌우하는 것은 바로 관객들의 참여와 에너지이다. 그리고 관객들의 참여도를 높이는 데 큰 역할을 하는 것이 바로 자리 배치이다.

보통 잘되는 무대는 앞 좌석부터 좌석이 채워지고, 분위기가 좋지 않은 무대는 뒤쪽부터 자리가 채워진다. 앞자리에 앉는 사람은 보통 적극적인 사람, 이 강의나 행사에 참여할 의지가 있는 사람일 확률이 높다.

그래서 마이크를 잡고 무대에 올랐는데, 앞자리가 텅 비어있고 듬성듬성 구석에 몇 명씩 자리하고 있으면 진행자로서 걱정이 앞서기 마련이다. 특히 뒷자리 사람들은 점점 소외되기 쉽고, 이는 진행자의 사기를 떨어뜨리는 악순환으로 이어진다.

초보 시절에는 그대로 진행하기도 했다. 하지만 그럴 때는 내 기량을 50퍼센트도 발휘할 수 없었다. 관객의 집중도가 낮아 소통이 원활하지 않았기 때문이다.

한번은 노래자랑 행사의 사회를 맡았는데, 무대를 기준으로 관객이 좌우로 나뉘어 있었다. 청백전도 아닌데 무대 위에서 정면을 보니 아무도 없어 당황했다. 이런 배치는 한쪽을 보면 다른 쪽이 소외될 수밖에 없는 구조이다. 나는 행사 시작 전에 모든 관객을 중앙으로 모이게 하여 일체감을 형성했고, 결과적으로 행사를 성공적으로 마칠 수 있었다.

또 다른 예를 들어보겠다. '영재 교사 한마당'이라는 행사를 진행할 때였다. 참가자들이 구석구석에 드문드문 앉아 있어 분위기가 좋지 않았다. 보통 행사를 진행할 때는 한 눈에 참가자들을 다 볼 수 있도록 자리를 배치하는 것이 좋다. 그렇다고 "선생님들은 앞으로 앉아주세요." 하는 식의 말로 억지로 모이게 하는 것은 싫어 한 가지 방법을 생각해냈다.

"모두 일어나주세요. 지금부터 펜과 종이를 한 장씩 들어주세요. 3분 동안 이 자리에 계신 다른 선생님 25명의 사인을 받아 오시는 겁니다. 1등에게는 선물이, 꼴등에게는 벌칙이 있습니다."

이 간단한 게임으로 선생님들은 서로 인사를 나누며 적극적으로 움직였고, 나는 사인을 받은 순서대로 앞자리부터 앉게 했다. 이렇게 시작한 2박 3일 워크숍은 그 어느 해보다 높은 만족도를 기록했다.

내가 사인받기를 제안한 것은 선생님들이 서로 인사하게 하려는 목적도 있었지만 어수선한 자리 배치를 한 눈에 볼 수 있도록 모이게 하려는 목적이 가장 컸다.

내가 움직이는 것도 방법이다

자리 배치를 바꾸기 어려운 상황에서는 어떻게 해야 할까? 한 무명가수의 사례를 통해 그 해답을 찾아보자.

어느 축제에서 유명가수가 무대 중앙에서 4곡을 부르고 난 후 한 무명가수가 공연을 하게 되었다. 보통은 가장 유명한 가수가 마지막에 서지만, 그날은 스케줄 때문에 순서가 바뀐 것이다. 그런데 이 무명가수는 노래 3곡을 부르고 마지막으로 메들리까지 선보이며 관객의 반응을 유도했고 뜨거운 호응을 얻었다.

그의 무대가 큰 반응을 얻었던 이유는 무대 앞쪽에서 뒤쪽까지 이동하면서 뒷자리 관객들의 반응을 끌어냈기 때문이었다. 결과적으로 행사장 분위기는 더욱 고조되어 사람들이 춤을 추며 열광했고, 오히려 유명가수보다 더 좋은 반응을 얻었다.

이 사례는 자신의 부족한 인지도를 극복하기 위해 관객에게 다가가는 방법을 활용한 좋은 예이다. 이렇게 좌석 배치를 조정할 수 없다면 내가 좌석 배치를 다시 한 것 같은 효과를 내면 된다. 사람들이 내 앞에 오게 하는 방법만 있는 것이 아니라 내가 사람들에게 다가가는 방법도 있는 것이다.

단, 더 많은 사람에게 어떻게 하는 것이 좋은 것인지 잘 판단해야 한다. 예를 들어, 축제 사회를 보면 무대와 객석과의 거리가 너무 먼 경우가 종종 있다. 이럴 때 아래로 내려가서 진행하면 소수 관객은 좋아할지 몰라도 대다수 관객에게는 내가 보이지 않아 집중하지 못하게 된다. 그래서 MC들은 대부분 무대 중앙에서 진행한다. 그러니 상황에 따라 유동적으로 판단해야 한다.

대화를 할 때도 자리는 중요하다

자리 배치는 꼭 대중 스피치에서만 중요한 것이 아니다. 소규모 모임 혹은 1:1 대화를 할 때도 자리는 상당히 중요하다. 데이트를 하는 경우라면 상대방이 나에게 집중할 수 있는 자리에 앉는 것이 좋다. 예를 들면, 벽 쪽에 앉아야 뒤에 지나가는 사람도 없고 시선이 분산되지 않아 상대방이 나의 이야기에 집중할 수 있다.

소규모 모임도 마찬가지다. 상대방에게 가장 집중되는 자리에 앉는 것이 중요하다. 내가 어느 자리에 앉아서 이야기하느냐에 따라 나에게 집중되는 정도의 차이는 상당하다.

반면 사각지대도 있다. 상대방이 나에게 집중할 수 없고 나도 대상을 한 번에 보기가 힘든 곳으로, 긴 사각 테이블 가운데 자리가 그중 하나다. 양쪽 모두 사람들이 있어 한 번에 사람들을 쳐다보며 이야기할 수 없기 때문이다. 그런 경우 일어나서 두 걸음 뒤로 이동하라. 혹은 모든 사람이 나를 볼 수 있고, 내가 한 눈에 그들을 볼 수 있는 위치로 걸어가라. 그리고 이야기하라.

"제 얼굴 잘 보이시나요? 혹시 잘 안 보이시면 의자를 살짝 제 방향으로 돌려 앉아주시면 어떨까요?"

별것 아닌 것 같지만 집중력을 두 배로 올려주는 방법이다.

스피치 하기 전
꼭 체크해야 할 네 가지

많은 사람들이 내용 준비에만 집중하지만, 실제로 스피치의 성패를 가르는 것은 종종 작은 디테일에 있다. 스피치를 시작하기 전 반드시 체크해야 할 네 가지 핵심 사항에 대해 살펴보자.

앞자리로 모이게 하라

청중이 분산되어 있으면 에너지가 분산되고, 집중도가 떨어진다. 반면, 청중이 가깝고 집중되어 있으면 더 친밀한 분위기가 형성되고, 여러분의 메시지 전달력도 높아진다.

작은 선물로 자리를 재배치하라

두 번째 팁은 작은 선물을 활용해 청중들의 자리를 재배치하는 것이다. 이 방법은 단순히 자리를 바꾸는 것 이상의 효과가 있다. 작은 선물은 청중들의 기분을 좋게 만들고, 스피치에 대한 호감도를 높여준다.

자리 배치를 바꿀 수 없다면 스스로 움직여라

세 번째 팁은 당신 스스로가 움직이는 것이다. 청중의 자리를 이동 시키기 어렵다면 직접 움직이며 공간을 활용하자. 이는 단조로움을 깨고 청중의 주의를 끌 수 있는 효과적인 방법이다.

기술적 요소를 활용하라

마지막 팁은 마이크, 스피커, 전광판 등의 기술적 요소를 잘 활용하는 것이다. 이러한 도구들은 메시지를 더욱 효과적으로 전달할 수 있게 해준다.

옷차림이나
행동도 메시지다

●

비언어적 소통의
중요성

누가 봐도 MC

"안녕하세요? MC이시죠?"

"어떻게 아셨어요?"

"한눈에 알아봤어요."

내 얼굴을 모르는 사람들도 행사장에 도착하면 나를 MC라고 생각한다. 내가 MC처럼 보인다는 것이다. 내가 쉽게 MC로 인식되는 이유는 말투나 목소리 때문만이 아니다. 얼굴 표정, 자세, 특히 옷차림이 'MC'라는 이미지를 만들어내는 것이다. 예를 들어,

내가 즐겨 착용하는 보타이(나비넥타이)는 일반인들이 잘 착용하지 않는 아이템이다. 이런 특별한 아이템은 내가 MC임을 암시하는 시각적 신호가 된다. 더불어 보타이를 착용했을 때 분위기가 더 좋아지고 말도 더 잘 나오는 것 같다는 내 느낌은, 단순히 기분의 문제가 아니다. 사람들이 내 말을 듣기 전에 보타이를 보고 이미 긍정적인 인상을 형성해 분위기에도 영향을 끼치는 것이다.

그래서 나는 장소, 상황, 목적에 맞는 의상을 선택한다. 야외인지 실내인지, 행사의 목적이 무엇인지에 따라 의상을 고른다. 참가자의 나이대에 맞춰 의상을 선택하기도 한다. 연세가 많으신 분들이 많다면 눈에 잘 띄는 원색 계통, 혹은 밝은색 의상을 선택한다. 체육대회라면 트레이닝복이나 가벼운 캐주얼 의상을 고른다.

반면 호텔에서 열리는 파티나 송년 행사에는 정장이 어울린다. 넥타이나 밝은색 보타이, 행거치프를 활용하면 좋다. 의상과 액세서리 컬러를 행사의 메인 컬러나 주최 회사 로고와 맞추는 것도 중요하다. 하지만 무대 배경색과 같은 컬러는 피해야 한다. 중요한 행사일 경우 여벌의 옷을 준비하는 것도 좋은 방법이다. 그리고 구두를 꼭 닦고 간다. 이런 작은 디테일에 대한 관심이 전체적인 인상을 전문적으로, 또는 긍정적으로 만든다.

의상뿐 아니라 행동 역시 말을 잘하기 위한 중요한 요소다. 목소리, 톤, 콘텐츠뿐 아니라 제스처, 눈빛, 시선 등도 중요한 것이다.

손을 사용한 제스처는 말을 강조하는 데 도움이 되고, 눈을 마주치는 것은 신뢰감을 준다. 이러한 비언어적 요소들을 신경 쓰면 더욱 효과적인 커뮤니케이션이 가능하다.

또한 무대 위에서는 모든 시선이 말하는 사람에게 집중될 수 있도록 환경을 조성하는 것이 필요하다. 사회자도 마찬가지로 참가자를 소개한 후에는 그 주인공에게 관객들이 집중할 수 있도록 해야 한다. 예를 들어, 과도한 움직임이나 시선을 뺏는 행동은 삼가는 것이 좋다.

비언어적 소통의 힘

비언어적 소통의 힘을 보여주는 두 가지 사례를 살펴보자. 배우 김혜수 씨는 청룡영화상에서 30년간 MC를 맡았다. 탁월한 진행도 진행이지만, 매년 화제가 되는 드레스 역시 그녀의 존재감을 확실히 각인시키는 중요한 요소였다.

이번엔 나의 제자 얘기를 해보려고 한다. 대학에서 레크리에이션 과목을 가르칠 때 유독 열심히 하는 제자가 있었다. 수업시간에 과제도 열심히 준비하고, 무엇보다 발표할 때는 열정이 넘쳤다. 예상대로 그는 졸업 후 MC로 활동했다. 하지만 그런 그에게도 고민이 있었다. MC로 무대에 서려면 클라이언트가 선택해주어야 하는데, 포트폴리오를 보내도 선택이 잘 되지 않는다는 것이었다. 난 그의 포트폴리오와 지난 행사의 사진을 본 순간 단박에 이유를 알아챌 수 있었다.

그는 평소에 입는 일상복을 무대 위에서도 입었다. 관객과 구별이 안 될 정도로 편하게 입은 것이다. 나름 신경 쓴다고 정장을 입어도 직장인 같아 눈에 띄지 않았다.

나는 먼저 그와 어울리는 정장을 구입하도록 도와줬다. 남자의 기본 정장 컬러는 네이비와 회색이다. 가장 노멀한 네이비, 밝은 회색 정장을 구입하고, 야외 행사용으로 블루 재킷과 흰색 면바지를 샀다. 넥타이는 행사에 맞는 컬러를 선택하면 된다. 나는 그의 얼굴을 돋보이게 하는 노란색 타이를 추천했다. 생각대로 노란색 타이를 맸더니 얼굴이 훨씬 깔끔해 보였다. 마지막으로 난생처음 그는 프로필 사진을 촬영했다. 그렇게 포트폴리오가 새롭게 만들어졌다.

"오늘 구입한 의상은 당분간 행사 때만 입어. 내가 코디한 그대로 입고 가고."

1년이 지나자, 그는 완전히 다른 사람이 되어 있었다. 프로 MC의 모습을 갖추게 되자 더 많은 무대에서 활동하게 되었고, 수입도 크게 늘어났다.

보이는 것도 일종의 말이다. 우리는 말뿐만 아니라 몸짓, 표정, 옷차림 등으로 의사소통을 한다. 중요한 것은 이 모든 요소가 일관성을 가지고 서로를 보완해야 한다는 점이다. 옷차림, 제스처, 표정 등이 우리가 전하고자 하는 메시지와 일치할 때 우리는 더욱 강력하고 설득력 있는 커뮤니케이터가 될 수 있다.

비언어적 소통은 우리의 전문성, 신뢰성, 그리고 메시지의 진정성을 전달하는 강력한 도구이다. 중요한 발표나 미팅이 있다면 말뿐만 아니라 옷차림, 자세, 표정 등에도 신경 써보자. 그 작은 변화가 여러분의 메시지를 더욱 강력하게 만들어줄 것이다.

규칙을 깨면
말의 신뢰도 깨진다

●

나 좀
1등 뽑아줘

신뢰를 잃은 사람의 말은 아무도 믿지 않는다

네덜란드 문화사학자 요한 호이징하(Johan Huizinga)의 '호모 루덴스(놀이하는 인간)'라는 개념은 인간이 놀이를 통해 문화를 창조하고 발전하며 진화하는 존재임을 설명한다. 긴 세월 MC로 활동하면서 나는 이 개념이 얼마나 깊은 진실을 담고 있는지 깨달았다. 놀이는 인생 그 자체라고 할 만큼 놀이와 인생은 공통점이 많다. 일단 정해진 규칙이 있고, 모두 룰에 따라서 움직여야 한다.

　그런데 그 규칙을 깨려는 사람도 있다.

189

"내가 사장인데 다시 합시다. 이번 게임은 시범 게임으로 하시죠."

예를 들어, 이런 사람은 게임을 하는 중간에 갑자기 룰을 바꿔버린다. 다 같이 정한 룰을 개개인의 사리사욕을 위해서 깨버리면 난장이 될 수밖에 없다. 이렇게 되면 게임의 공정성을 해칠 뿐만 아니라 참가자들의 신뢰를 무너뜨린다. 축구에서 손으로 골을 넣거나, 농구에서 발로 공을 차는 것이 허용되지 않는 것처럼 사회생활에서도 규칙을 지키는 것은 기본이다.

말은 행동의 그림자다

신뢰란 한 번 무너지면 회복되기 어렵다. 규칙을 깬 사람들은 앞으로 어떤 좋은 일을 하더라도 신뢰를 얻기까지 많은 시간이 걸릴 것이다. 인간관계에서도 마찬가지다. 신뢰가 한번 무너지면 아무리 달변가라고 해도 그 사람의 말을 믿지 않게 된다.

약속을 지키고 진실성 있는 커뮤니케이션을 유지하는 것은 신뢰를 구축하고 유지하는 데 필수다. 특히 중요한 것은 뱉은 말을 지키는 것이다. "말은 행동의 그림자다."라는 명언처럼 우리의 말 한 마디 한 마디는 신뢰를 쌓거나 무너트릴 수 있기 때문이다.

당장의 이익을 위해 규칙을 어기거나 약속을 저버리는 것은 단기적으로는 이득이 될 수 있다. 하지만 장기적으로 볼 때, 이는 더 큰 기회를 놓치는 결과를 낳는다.

규칙을 지키고 약속을 이행하는 것은 단순히 도덕적인 문제가 아니다. 이는 전문가로서의 자질이며, 장기적인 성공을 위한 필수 요소이다. 우리의 말과 행동이 일치할 때 진정한 신뢰를 얻을 수 있고, 이는 인생과 경력에서 더 넓은 가능성을 열어줄 것이다.

신뢰는 우리가 가진 가장 귀중한 자산이다. 그것을 소중히 지키고 키워나간다면 당신의 말은 더욱 신뢰를 얻게 되어 더 많은 기회가 주어지게 될 것이다.

특히 비즈니스 세계에서 평판은 무형의 자산이다. 믿을 수 있는 사람으로 정평이 나있다면, 화려한 언변을 가진 사람보다 더 많은 기회와 신뢰를 얻게 될 것이다.

재미있게 안 놀면
혼날 줄 알아

●

스스로 웃어야
진짜 웃음이다

감정을 강요하지 말라

"사진 찍습니다. 웃으세요! 스마일~ 왜 안 웃으세요?"

한 결혼식에서 단체 사진 촬영할 때 했던 사진기사의 말이다. 난 속으로 생각했다.

'웃겨야 웃지…'

"더 활짝 웃으세요! 찍습니다. 하나, 둘, 셋, 찰칵!"

'이건 웃는 것도 우는 것도 아니야!'

억지로 웃는 웃음은 인상 쓰는 것보다 어색하다. 이렇게 억지로 웃는 모습이 과연 좋은 사진을 만들까?

"웃어봐!", "집중해!", "재미있게 놀아!" 이런 말들. 어디서 많이 들어봤을 것이다. 결혼식장에서, 학교에서, 심지어 놀이 현장에서도 우리는 이런 강요의 말을 자주 듣는다. 하지만 과연 이런 말들이 효과가 있을까? 사람의 감정은 그렇게 쉽게 강요할 수 있는 것이 아니다.

한 중학교 캠프파이어 현장에서 있었던 일이다. 아이들이 캠프파이어를 신나게 즐길 수 있도록 진행하려고 설레며 대기하고 있는데 학생 주임 선생님이 내게 말씀하셨다.

"우리 애들 말 엄청 안 들어요. 제가 아이들 말 잘 듣게 한 다음 소개해 드릴테니 걱정 마세요."

"네? 그러실 필요까지 없는데…(제발 그냥 아무것도 하지 말고 그냥 마이크 주세요!)."

불길한 예감이 적중했다는 걸 확인하는 데는 그리 오랜 시간이 걸리지 않았다. 잠시 후 선생님은 아이들에게 소리쳤다.

"야~ 너희들 잘 놀 수 있지? 대답이 왜 이렇게 작아? 아직 정신 못 차렸군. 차렷! 열중쉬어! 차렷! 엎드려뻗쳐! 선생님이 계속 보고 있을 거야. 재미나게 안 놀면 너희들 끝나고 가만 안 둘 거야! 알았어?"

그리고 나서 의기양양한 표정으로 나에게 마이크를 넘겨주었다.

"이제 아이들이 재밌게 놀 겁니다."

과연 아이들은 신나게 놀았을까? 아이들의 원망 가득한 눈빛이 나에게 말했다. '왜 캠프파이어 같은 걸 해서 우리를 이렇게 힘들게 하냐. 이놈아!' 그다음 상황은 상상에 맡기겠다.

웃으라고 하면 사람들이 웃고, 수업 시간에 집중하라고 하면 집중하고, 재미나게 놀라고 윽박지르면 재미나게 논다면 가장 윽박 잘 지르는 사람이 말 잘하는 사람일 것이다.

윽박질러 놓고 자기가 말한 대로 사람들이 따르지 않으면 상대방을 탓하는 사람도 많다. "너는 누구 닮아서 그렇게 웃지 않니?", "왜 이렇게 집중을 안 하고 수업 시간에 딴 생각해?", "왜 재밌게 놀지를 않니? 왜 이렇게 호응을 안 해?" 이렇게 말이다. 그러나 감정을 강요하면 오히려 강압적인 명령에 기분이 상해 마음의 벽을 치기 마련이다.

재운 사람이 직접 깨우세요

목사님 설교 시간에 신도 한 명이 코를 골면서 자고 있었다.

"거기 자는 사람 좀 깨워주세요."

목사님이 말하자 신도 한 명이 대답했다.

"재운 사람이 직접 깨우세요."

가만히 생각해보면 옳은 말이다.

스피치를 할 때 가장 난감한 상황 중 하나는 청중이 집중하지 않거나, 조는 모습을 보일 때이다. 이럴 때 많은 연사들은 청중을 탓하거나 강제로 주의를 환기시키려 한다. 하지만 이는 오히려 역효과를 낳을 수 있다.

여러 무대에서 사회를 보며 느낀 내 생각은 사람들이 집중하지 않는 것은 그들의 잘못이 아니라는 것이다. 웃음은 스스로 웃어야 진짜 웃음이 된다. 강요된 웃음은 오히려 인상 쓰는 것보다 어색해 보인다. 강제된 집중은 오히려 딴생각을 부추길 뿐이다. 명령받은 즐거움은 더 이상 즐거움이 아니다.

그렇다면 어떻게 해야 할까? 진정한 소통은 강요가 아닌 존중에서 시작된다. 청중의 반응이 좋지 않다면, 그것은 말하는 사람에게 개선해야 할 부분이 있다는 신호이다. 따라서 듣는 사람을 질책하지 말고 웃음이 나올 수 있는 분위기, 집중할 수 있는 환경, 즐거움을 느낄 수 있는 상황을 만들어주어야 한다. 그리고 상대방의 감정과 상태를 있는 그대로 인정하고 존중하는 태도가 필요하다. 강요가 아닌 선택의 기회를 줄 때, 사람들이 더 자발적으로 참여하게 된다는 것을 잊지 말자.

참여를 유도하는 것도 좋은 방법이다. 일방적 전달이 아닌, 청중이 직접 참여할 수 있는 기회를 제공하는 것이다. 또한 추상적인 개념보다는 청중의 일상과 연관된 이야기를 활용한다면 좀 더 적극적인 반응을 얻을 수 있을 것이다. 계획대로 분위기가 잘 흘러가지 않는다면, 계획된 내용을 고집하기보다는 상황에 맞게 유연하게 대처하는 것도 방법이다.

이처럼 훌륭한 스피치는 청중과의 상호작용, 그리고 그들에 대한 깊은 이해와 존중이 바탕이 될 때 비로소 가능하다.

상황을 탓하지 말고, 기회를 만들어라

●

가수 이상우의 행사 살리기 100m 전

예상치 못한 위기 상황에서 빛나는 사람

어느 가을에 열린 ○○협회 골프대회에서의 일이다. 저녁엔 만찬과 시상식, 축하 공연이 예정되어 있었고 내가 MC를 맡았다. 하지만 행사 준비 과정에서 심각한 문제가 드러났다. 사진부터 영상, 조명, 음향까지 모두 한 사람이 담당하여 불안한 마음이었는데, 결과는 참담했다. 마이크에서는 '삑' 소리가 자주 들렸고, 소리는 마치 옛날 메가폰처럼 울렸다.

음향이 이렇다 보니 MC로서 나는 곤란한 상황에 빠졌다.

MC는 어떤 상황에서든 행사를 진행해야 하지만, 형편없는 음향 때문에 내 목소리조차 제대로 전달되지 않았다. 첫 번째 초대가수 의 공연은 거의 실패에 가까웠다. 관객들은 무대에 집중하지 않고 옆 사람과 대화를 나누거나 술을 마시기 시작했다. 하지만 당장 조치를 취할 수 있는 게 없어 그 안에서 최선을 다하는 것 말고 달리 방법은 없었다. 사람들은 음향 문제조차 MC인 내가 컨트롤한다고 알고 있었고, 나를 향해 불평하기 시작했다.

'정말 하기 싫다.'

'그냥 마이크 내려놓고 집에 가고 싶다.'

결국 나의 인내심도 점점 극에 달했다. 마음을 다잡고 상황을 개선해보려고 이 생각 저 생각 해보았지만 바뀌는 건 아무것도 없었다. 꾸역꾸역 시상식 식순을 하나하나 진행했고 불만이 있긴 했지만 다행히 큰 문제 없이 진행되었다.

그렇게 두 번째 초대가수 순서가 되었다. 가수는 '그녀를 만나기 100m 전'이라는 노래로 인기를 끌었던 가수 이상우 씨였다. 그는 무대에 오르기 전 마이크와 음향 상태를 확인한 후 큰 한숨을 쉬었다. 그리고 나를 불렀다. 내 마이크와 바꿀 수 있냐고 양해를 구하길래 그러자고 했다. 하지만 상태가 별반 다르지 않다는 걸 확인한 후 그는 체념한 듯 무대에 올랐다.

"안녕하세요?"

"삑!"

"이상우입니다."

"삑!"

상황이 이러니 본인 뜻대로 노래가 잘될 리 없었다. 청중들이 무대에 집중하지 않아 분위기는 산만한데, 심지어 시상식 후 한 잔 두 잔 하던 분들이 취하기 시작했다. 만취한 사람도 보이고 여기저기서 고성이 들려왔다. 그때 이상우 씨가 말문을 열었다.

"가수 인생 30년 만에 이런 마이크로 노래하긴 처음입니다. 여러분도 이런 소리로 제 노래는 처음 들으시죠?"

그러고는 본인이 데뷔시켰던 인기 여배우 이야기, 사업했다가 망한 이야기 등 개인사를 풀어놓았다. 마이크 소리는 좋지 않았지만 많은 사람들이 귀 기울일 만큼 재미있고, 공감 가는 얘기들이었다. 사람들은 그의 얘기에 점점 빠져들기 시작했다.

"제 히트곡 중에 어떤 곡을 좋아하세요? 그녀를 만나기 100m 전? 사랑하는 사람이 100m 앞에 있다고 생각하고 같이 불러주실래요?"

노랫소리는 잘 들리지 않았지만, 사람들은 어느새 그에게 푹 빠져 있었다. 잠시 후 그의 노래를 따라 부르더니 자리에서 일어나 합창까지 했다. 그 이후에도 그는 사람들과 대화하며 노래했다. 마음에 들지 않는 음향 시스템에도 싫은 표정 한 번, 불평의 말 한마디, 찡그린 표정 하나 없었다. 그리고 최선을 다해 그 무대를 즐기고 있었다.

위기를 기회로 만드는 프로의 마인드

형편없는 음향 시스템에도 사람들을 열광하게 한 비결은 무엇일까? 그는 일단 형편없는 음향 상태를 인정하고 그런 상황을 유머러스한 말로 풀어갔다. 또한 자신의 인생 이야기를 통해 관객과 감정적 연결을 만들었다. 공감을 얻어낸 것이다. 다음으로 함께 노래를 부르자고 제안하여 관객을 무대의 일부로 만들었다. 무엇보다 불만족스러운 상황에도 불구하고 끝까지 프로페셔널한 태도를 유지했다. 그는 현재 상황을 정확히 파악하고, 지금 이 순간에 내가 할 수 있는 최선을 다하는 프로였다.

무대에 오르다 보면 별의별 일이 다 있다. 뜻하지 않게 실력을 발휘하지 못해 억울한 경우도 적지 않다. 최고의 무대에서 재밌는 분위기를 만들고 싶어도 외부적인 요인으로 만족스럽지 못한 결과를 낳아 안타까웠던 적도 많다. 하지만 그럴 때도 나의 위치와 현재 상황을 정확히 인지하는 게 가장 중요하다. 행사를 망치게 놔둬선 안 된다. '이건 내 탓이 아니다.'를 외치고 나와서도 안 된다. 다른 이유로 분위기가 안 좋아도 결국 사람들은 MC 탓으로 기억할 것이다. 그러니 어떠한 상황에서도 최선의 결과를 만들어야 한다.

위기를 나타내는 영단어 'crisis'는 '사리를 분별하다.'는 뜻을 가진 희랍어 'Krinein'에서 유래된 것으로 의학용어로는 '질병의 전환점'이라는 뜻으로 사용되기도 한다. 최악의 상황만을 뜻하는 말이 아닌 것이다. 실제로 위기는 대처하기에 따라 긍정의 결과를 낳기도 한다.

대화할 때도 위기는 예고 없이 찾아온다. 상대의 말 한마디에 순간 마음이 상할 수 있다. 그렇다고 화를 내거나, 그 자리에서 도망치거나, 혹은 그 사람과 싸운다면 어떻게 될까? 물론 그 순간 속이 시원할 수 있다. 하지만 지나고 나면 100퍼센트 후회하게 된다. 그런 상황에 맞닥뜨렸다면 우선 현실을 정확히 파악해야 한다. 그 뒤 최선의 결정을 한 후 내 할 일을 묵묵히 하면 된다. 지금 할 수 있는 최선을 선택하는 것이다. 그러면 곧 위기는 기회로 변한다.

PART 4

힘들이지 않고
삶을 원하는 것으로
채우는 말의 기술

원하는 것을
얻는 법

●

나의
결혼 이야기

마음의 과녁을 정확히 쏘는 법

여자친구 부모님을 처음으로 만나는 날이었다. 거울 앞에서 옷, 넥타이, 머리 스타일을 다시 점검했지만 긴장되는 건 어쩔 수 없었다.

"뭐 하는 사람이야?"

친구들의 목소리가 머릿속을 맴돌았다.

"응, 치과의사."

나의 대답에 친구들은 고개를 절레절레 흔들었다.

"호선아, 포기해. 결혼은 무리야…."

나는 쓴웃음을 지었다. 친구들 말이 맞을지도 모른다. 하지만 나는 포기할 생각이 없었다.

약속을 잡고 만나기까지 1주일 동안 내 머릿속은 세상 사람들의 얘기와 편견, 걱정이 가득했다. 무엇보다 텔레비전 드라마 속 대사가 떠올라 나를 괴롭혔다.

"난 이 결혼 반대일세!"

"난 의사 사위를 원하네."

"학교는 어디 나왔나?"

"재산은 얼마나 모았나?"

"병원은 차려줄 수 있나?"

"열쇠는 최소 3개를 준비해 오게!"

막장 드라마의 장면들이 눈앞을 스쳐지나갔다. 그렇게 불안과 걱정이 가득한 1주일이 지나고 드디어 운명의 날이 다가왔다.

레스토랑에 도착하자 긴장감이 엄습해왔다. 여자친구와 그녀의 부모님이 이미 와 계셨다.

"아버님, 어머님, 안녕하세요? 이호선입니다. 저는 많은 사람 앞에서 말하는 직업을 가진 MC입니다. 인순이, 송대관 씨 같은 가수들 콘서트에서 사회도 보고, 부동산 프로그램 MC도 하고 있습니다. 그리고 대학교에서 학생들을 가르치고 있습니다. MC가 직업인 사람은 처음 만나시죠?"

"그렇죠….."

"어머님, 아버님께 제가 꼭 여쭤보고 싶은 게 있습니다. 누구를 닮아서 따님이 이렇게 머리가 좋나요? 지난주에 극장에 갔었는데 잠깐 보고 영화예매 번호 10자리를 그냥 매표 기계에 입력하는 거 있죠. 학교 다닐 때도 이렇게 머리가 좋았나요?"

"네. 계속 1등만 했어요."

"아버님, 어머님! 의사 사위 얻고 싶으시지 않으세요?"

"집에 의사 한 명만 있으면 됐지요. 두 명씩이나 어디다 쓰려고요?"

"맞습니다. 의사 1명, MC 1명 있는 걸 추천합니다."

저녁 식사 동안 나 혼자 끊임없이 말을 했다. 부모님은 가끔 짧게 대답하시거나 고개만 끄덕였다. 오죽했으면 서빙하던 종업원이 어떤 자리냐고 물었을 정도였다.

"여자친구 부모님께 처음 인사하는 자리입니다."

그러자 종업원이 깜짝 놀라며 말했다.

"네? 남자분 혼자 얘기하고, 어른들은 가만히 듣고만 계셔서 무슨 자리인지 너무 궁금했어요. 일반적으로 부모님이 말씀하시고 남자분은 긴장해서 대답만 하던데, 오히려 부모님께서 긴장하신 것 같아서 인사하는 자리인 줄은 상상도 못 했어요."

이 말을 듣고 나는 아차 싶었다. 대다수 사람은 자기보다 말을 많이 하는 사람을 싫어한다. 다른 사람이 앞에서 자기 말만 많이 하면 그 자리를 피하고 싶어지게 마련이다. 그런데 내가 딱 그러고 있었다. 그것도 다름 아닌 여자친구 부모님 앞에서 말이다. 긴장되는 자리라서 내 이야기만 하는 큰 실수를 저지른 것이다.

'어쩌지…?'

그때였다. 장인어른을 내 편으로 만들 결정적인 말이 떠올랐다. 그리고 난 그 결정적인 한마디로 장인어른을 내 편으로 만들었다. 그 한마디는 바로 이것이다.

"아버님, 따님만 둘 있으니 아들과 사우나 한번 못 가보셨죠? 다음 주말에 저랑 같이 온천 가실래요? 제가 등을 밀어드리겠습니다."

분위기는 급반전되었다. 아버님은 내 얘기에 맞장구를 쳐주시며 예전부터 아들이랑 사우나를 가는 친구들이 가장 부러웠다고 자신의 이야기를 하기 시작하셨다. 나는 열심히 경청하며 아버님의 이야기를 들었다. 걱정했던 일은 일어나지 않았다. 막장드라마의 대사들은 현실에 없었다.

그리고 다음 주말, 나는 약속대로 장인어른과 온천에 다녀왔다. 온천에서 나오면서 나는 이미 장인어른의 사위가 되어 있었다. '비록 아들은 아니지만 내가 아들 같은 사위가 된다면 정말 나를 좋아하지 않으실까?' 하는 예상은 적중했다. 아버님의 심장 중앙을 정확히 맞춘 것이다.

설거지 때문에 결혼을?

목욕을 같이 다니자는 결정적인 한마디로 장인어른의 마음은 사로잡았지만, 정작 결혼 당사자인 아내는 그때까지 결혼 생각이 없었다. 게다가 그녀는 나와 완전히 다른 사람이다. 그녀도 장인어른처럼 말이 별로 없다. 성격도 다르고 취미도 달라 공통점을 아직도 못 찾고 있다. 특히나 나의 농담을 이해하지 못한다. 농담을 진담으로 여겨 울기도 잘하고, 화도 낸다. 나는 책을 보면 잠이 오고 아내는 잠이 깬다.

이렇게나 다른 그녀의 생각을 바꾸게 한 것은 나의 이 말 때문이다.

"평생 설거지하지 마. 이제부터 설거지는 내가 한다."

이 짧은 말로 결혼과 담을 쌓았던 그녀는 내 아내가 되었다. 나는 아내가 설거지를 몹시 싫어한다는 것을 알고 있었다. 아내는 설거지가 하기 싫어 집에 들어오기 전에 밥을 먹고 들어오는 사람이었다. 소개팅으로 처음 만난 후 온천 사우나로 부모님께 허락받고 '설거지 프러포즈'를 한 뒤 결혼식까지 걸린 시간은 정확히 7개월이었다.

사람은 각자 듣고 싶은 말이 있다. 그것을 잘 파악하고 말하는 사람들은 다른 사람의 마음을 얻을 수 있다. 여기서 '말'은 T(시간), P(장소), O(상황)에 맞는 말을 뜻한다. 나는 말에 있어서 만큼은 내가 활약할 순간을 정확히 포착해 행동으로 옮길 줄 안다. 주눅 들지 않고 상대방이 듣고 싶은 말로 그 상황을 내 편으로 가져오는 능력이 있는 것이다.

말하는 능력은 사람의 마음을 얻고 인생에서 원하는 것을 이루는 데 큰 도움이 된다. 지금까지 자기가 하고 싶은 말로 대화를 이어갔다면 이제부터라도 상대방이 듣고 싶은 말을 해보자.

운이 트이는
말습관

●

배려와 친절,
그리고 매너의 가치는 무한하다

잊지 못할 크리스마스 선물

늦은 나이에 결혼한 나는 크리스마스에 소중한 선물을 받았다. 바로 아들의 탄생이었다. 예정일보다 10일이나 일찍 찾아온 아들이 생긴 것만으로도 난 충분히 기뻤다. 그런데 또 하나의 깜짝 선물이 기다리고 있었다.

"튼튼이 아버님, 병실은 703호 펜트하우스입니다."

"네? 저희가 예약한 병실이 아닌 것 같은데요."

"네, 알고 있습니다. 아버님 인상이 너무 좋으셔서 무료로 업그레이드해 드리려고요."

우리가 배정받은 703호 펜트하우스는 유명인들이 이용했던 최고급 병실이었다. 넓은 공간, 고급스러운 인테리어, 최신 가전제품까지 갖춘 이 병실의 이용료는 일반 병실의 2~3배에 달했다. 그런데 이 모든 것을 무료로 업그레이드해준 것이다.

이런 일들은 나의 삶에서 자주 일어난다. 식당에서 주문하지 않은 고급 요리를 서비스로 받거나 백반집에서 추가 반찬을 받는 일, 심지어 비행기 이코노미 좌석이 비즈니스 클래스로 업그레이드되는 일까지 종종 뜻밖의 행운이 찾아오곤 한다. 처음에는 우연히 행운이 반복된다고 여겼지만, 이런 일들이 반복되자 우연이 아니라는 생각이 들었다.

아이가 태어난 그해 크리스마스에는 주치의를 비롯한 많은 직원이 휴가 중이었다. 갑작스러운 출산으로 직원들도 당황했을 것이다. 나 역시 당황하기는 마찬가지였다. 하지만 나는 크리스마스에 애써주셔서 감사하다며 도넛과 음료를 돌리고 보이는 모든 이들에게 감사 인사를 했다.

"안녕하세요? 크리스마스인데 고생 많으십니다. 도넛과 음료 수 드세요."

크리스마스에 태어난 아들을 본 순간 난 세상 모두를 가진 남자가 되었다. 마흔을 훌쩍 넘긴 나이에 아빠가 되었으니 얼굴에 웃음이 떠나질 않았다. 그 기쁨을 주최할 수 없어 보이는 모든 사람들에게 "고맙습니다. 감사합니다."를 외치고 다녔다. 심지어 두 번, 세 번 인사를 드린 분도 많았다. 싱글벙글 웃는 내 모습에 병원 직원들도 덩달아 행복해했다.

펜트하우스 병실이라는 선물은 아마도 그 때문에 우리에게 찾아온 것은 아닐까? 작은 감사의 표현, 기쁨을 모든 이와 나누려는 긍정적인 마음, 밝은 인사 등이 큰 선물이 되어 내게 돌아왔을지도 모른다.

작은 친절이 만드는 큰 행운

이번엔 EBS 스타 영어 강사 샤이니 선생님의 이야기를 해볼까 한다. 몇 년 전, 그녀는 미국 여행 중 뜻밖의 행운을 만났다. 조그만 경차를 예약했던 그녀에게 렌터카 직원이 뚜껑이 열리는 빨간색 머스탱 스포츠카 열쇠를 건넨 것이다. 잘못 준 것 같다고 말하자 직원은 무료 업그레이드라고 답했다. 어떻게 이런 일이 벌어졌을까?

그녀는 사람들에게 항상 밝은 미소로 친절하게 대하는 사람이다. 무엇보다 반드시 상대방의 이름을 부르며 친근하게 얘기를 나눈다.

그날도 그녀는 직원의 명찰을 보고 "Mr. ○○○, Hello!" 하며 인사를 건넸다고 한다. 그리고 온종일 서있는 그 직원에게 다리 아프지 않냐고 물었다. 그러면서 본인의 여행지를 얘기하며 좋은 곳을 추천해 달라고 했다. 그 소소한 말 몇 마디의 대화 덕분에 빨간 머스탱 오픈 스포츠카가 눈앞에 등장하게 된 것이다.

어떻게 이런 호의를 받을 수 있었을까? 그녀는 직원의 이름을 부르며 인사하였고, 직원의 상황(오래 서있는 것)에 대한 관심을 표현했으며, 여행지에 대한 추천을 요청하고 소소한 대화를 하며 친근감을 형성했다. 그 직원은 그녀와 대화하며 마치 오랜 친구를 만난 것과 같은 친근함을 느꼈음이 분명하다.

데일 카네기의 《인관관계론》에도 이러한 내용을 다룬다. 상대방의 마음을 얻기 위해서는 내게 호감을 느끼게 하면 된다는 내용이다. 이 호감을 얻는 일은 생각보다 어렵지 않다. 친절한 미소와 따뜻한 말 한마디면 충분하다. 상대방에게 웃으며 먼저 인사해보자.

"고맙습니다. 당신 덕분입니다. 즐거운 하루 보내세요."

이렇게 먼저 인사하는 습관을 기르는 것은 인생의 큰 행운을 얻는 가장 간단한 방법이다. 상대방을 귀한 존재로 인정하는 순간, 생각지도 못한 행운이 당신의 손에 들어올 것이다.

워런 버핏 또한 배려와 친절의 힘에 대해 강조한 바 있다. 그는 "배려와 친절, 그리고 좋은 매너는 비용이 들지 않지만, 그 가치는 무한하다."고 말했다. 우리가 매일 사용하는 말 한마디, 작은 행동 하나가 누군가에게는 큰 감동이 될 수 있고, 그것이 우리에게 긍정적인 효과를 가져오는 것이다.

아침에 일어나 가족에게, 출근길에 만난 이웃에게, 직장 동료에게 먼저 밝은 미소로 인사해보자. 그리고 "감사합니다.", "고마워요."라는 말을 더 자주 사용해보자. 이런 사소한 변화가 여러분의 삶에 놀라운 행운을 가져다줄지도 모른다.

기회가 왔을 때,
원하는 것을 말하라

●

대통령님과 함께
찍겠습니다

주저하지 않고 원하는 것 말하기

10년 전 새해 아침 모르는 번호로 전화 한 통을 받았다.

"청와대입니다."

"어디라고요? 청와대라고요? 무슨 일로 제게?"

"이번 신년 조찬 행사의 MC로 와주실 수 있나요?"

MC를 시작하며 세운 목표 두 가지가 있었다. 하나가 공중파 프로그램에서 내 이름을 건 '2호선 쇼'를 하는 거였고, 다른 하나가 청와대에서 MC를 하는 것이었다. 그런데 드디어 청와대 MC

를 하게 된 것이다. 인정받은 나 자신이 자랑스러웠다.

행사일이 하루하루 다가올수록 긴장감이 극에 달했다. 혹시 말실수라도 하면 어쩌지? 감기에 걸려 목 컨디션이 안 좋으면 어쩌지? 대본을 잘못 읽으면 어쩌지? 등 별 걱정이 다 들었고, 평소와 다르게 긴장감이 몰려왔다.

드디어 행사 당일. 염려와 달리 공식 행사가 무사히 끝났다. 점심 식사를 할 때 우연히 대통령 경호부장 옆자리에 앉게 되었고 자리가 어색한 것 같아 먼저 말을 건넸다.

"TV에서 자주 뵈었습니다. 실물이 더 멋지십니다."

"네? 저를요?"

경호부장님은 조금 놀란 듯했다.

"뉴스에서 대통령님 곁에 계신 걸 몇 번 보았습니다."

"하하하!"

이 몇 마디로 어색함은 어느새 사라졌다. 이번에는 그분이 내게 말을 건넸다.

"잘 드십니다. 입맛에 잘 맞으시나 봐요."

"네, 너무 맛있어요. 우리 집밥보다 100배 더 맛있습니다."

이렇게 분위기가 화기애애하게 달아올랐다. 식사시간이 어느 정도 마무리될 때쯤, 경호부장님이 내게 이렇게 물어왔다.

"대통령님과는 사진 많이 찍으셨죠?"

"아니요, 처음입니다. 오늘 청와대 처음 왔습니다."

식사도 너무 맛있게 하고 농담도 잘하는 바람에 자주 온 줄 알았단다. 그러면서 대통령님과 사진을 찍을 수 있는 자리를 만들어주겠다고 했다.

'야호! 대통령님과 단둘이 사진이라니!'

나는 설레는 마음을 감출 수가 없었다.

드디어 기념촬영 시간이 찾아와 나는 안내방송을 했다.

"잠시 후 기념촬영이 있겠습니다. 본관 계단 앞에 사진 촬영 장소가 마련되어 있으니 모두 모여주세요. 대통령님과 다 함께 기념촬영을 하겠습니다."

우리는 모두 사진 촬영 장소로 향했다. 청와대 본관에 있는 바로 그 계단, 뉴스나 신문에서 자주 보던 붉은색 카펫이 깔린 바로 그 장소 말이다. 그때 고용노동부 장관님이 나를 불렀다.

"사회자도 이리 오세요. 같이 사진 찍읍시다."

나는 잠시 흔들렸지만 지금 단체사진을 찍으면 대통령님과 단둘이 사진을 찍을 기회가 날아가버릴 것 같아 주저하지 않고 얘기했다.

"전 잠시 후에 대통령님과 따로 찍겠습니다."

그 순간 자리에 있던 모든 내빈과 청와대 직원들의 시선이 일제히 나를 향했다. 다들 '뭐지?' 하는 눈빛이었다. 단체사진 촬영이 끝나고 경호부장님이 약속대로 대통령님 옆으로 나를 안내했다.

"사회자 이름이 이호선입니다. 지하철 2호선이라고 소개하더 군요."

"허허허!"

대통령님이 웃으시자, 나는 얼른 인사를 했다.

"1호선도 3호선도 아닌 이호선입니다."

대통령께서 내 어깨를 툭 치시며 이렇게 말씀하셨다.

"재밌는 친구네!"

난 이렇게 청와대에서 대통령과 사진 찍기에 성공했다.

기회가 왔을 때 주저하지 말고 원하는 것을 말해보자. 생각 보다 많은 일들이 말하는 대로 되는 경우가 많으니 말이다.

영향력을
확대시키는 말의 힘

●

말은
성공의 열쇠다

우리는 왜 말을 잘해야 하는가

그동안 말 잘하는 사람들을 숱하게 만나 왔고, 나 역시 그런 사람이 되기 위해 적지 않은 시간과 노력을 쏟았다. 그렇다면 우리는 왜 말을 잘해야 할까?

사람마다 가지고 있는 역량과 능력은 일정 부분 정해져 있다. 똑같은 능력이 있어도 어떤 사람은 원하는 것을 착착 성취해가는 반면 어떤 사람은 오는 기회도 하나둘씩 놓치다가 나중에는 돌이킬 방법을 찾지 못해 후회로 가득한 나날을 보내기도 한다. 이러한 차이가 생기는 이유에는 여러 가지 이유가 있겠지만, 그 중의 하나는 '말의 기술'이다.

구수한 사투리와 여유로운 화법으로 많은 사람들의 마음을 사로잡은 백종원 씨만 봐도 이를 알 수 있다.

"일단 설탕 한 컵부터 붓고 시작할게유."

"어때유? 간단하쥬?"

"간짜장을 왜 어렵게 집에서 만들어유? 그냥 배달시켜 먹어유."

그는 듣기만 해도 마음이 푸근해지는 사투리로 사람들의 마음을 무장해제시킨다. 이런 쉽고 재미있는 설명으로 10년이 지난 지금까지도 사랑받고 있고, 그의 사업도 그에 따라 많은 성공을 거두었다.

그를 보면 말이 우리의 잠재력을 최대한 발휘하고 우리의 영향력을 확대시키는 강력한 도구라는 것을 잘 알 수 있다. 이렇게 말을 잘하는 능력은 우리의 재능과 세상의 필요를 연결하는 다리 역할을 한다.

그의 방송을 보면 알겠지만, 그의 말솜씨는 유명 연예인에게도 뒤지지 않는다. 발음이나 발성이 정확해서가 아니다. 그는 자신만의 개성과 친근함으로 사람들의 마음을 사로잡았다. 대중적인 호감을 얻으면서 사업이 더 승승장구한 것은 당연했다.

그의 말은 그의 요리만큼이나 맛있다. 그의 재능과 세상의 필요가 절묘하게 만난 것이다. 이제 그는 외식업을 이야기할 때 결코 빼놓을 수 없는 사람이 되었다.

제2의 전성기를 누리고 있는 서장훈 씨도 직설적이고 센스 있는 입담으로 농구 선수에서 예능인으로 변신에 성공했다. 스포츠 스타에서 이젠 예능 스타로 자리 잡은 것이다. 선수 생활에서 은퇴한 후 우연히 방송에 나왔는데, 예상치 못한 입담을 보여주었고 방송계의 러브콜이 이어져서 자연스럽게 방송인으로 활동한 케이스다.

남보다 빨리 성공한 사람들의 공통점

나는 오랜 MC 경험과 스피치 코칭을 통해 말하는 능력으로 더 많이 더 빨리 성공한 사람들을 숱하게 만나왔다. 그러면서 그들이 가진 공통점을 하나둘씩 깨닫게 되었다. 일단 그들은 세상이 필요로 하는 자신의 '쓰임새'를 정확히 알고 있었다. 무엇보다 그것을 사람들에게 잘 알리는 데 능했고, 자신이 가진 가치와 세상의 필요가 만난 교집합을 정확히 알고 있었다.

그 교집합을 세상에 알릴 수 있도록 도와주는 것이 '말'이고, 자신의 가치를 더 잘 알릴 수 있도록 돕는 것이 바로 말이 가진 힘이다. 그리고 말이 가진 힘이 점점 커질 때 우리는 그것을 '영향력'이라고 부른다.

말의 힘을 믿고, 그것을 적극적으로 활용하자. 자신의 재능과 세상의 필요를 연결하는 다리로서 말의 힘을 활용한다면, 당신의 영향력은 계속해서 확대될 것이다.

특히 50대는 경험과 지식을 세상과 공유하는 용기와 말의 기술이 필요하다. 50대는 말하기를 배우기에 절대 늦은 나이가 아니다. 지금이야말로 당신의 가치를 세상과 공유하고, 의미 있는 변화를 만들어낼 수 있는 최적의 시기다.

기회를
부르는 말

●

꿈과 열망을
말로 표현하라

말하라! 이루어지리라

꿈과 열망을 주저하지 않고 말로 표현하면 꿈을 실현하는 첫걸음이 될 수 있다. 나는 바라는 꿈을 타인에게 많이 이야기하면 할수록 더 잘 이루어진다고 확신한다. 그런 경험을 여러 번 했기 때문이다.

대학 시절 나는 다른 학교 축제 행사의 MC를 보며 학교에 다녔다. 그래서 용돈은 물론이고 등록금까지 벌었고 첫 자가용까지 살 수 있었다. 졸업 후에도 MC로 일하며 남부럽지 않은 수익을 올렸다. 행사 진행은 나름 잘한다는 소리도 듣고 인정도 받았다. 당연하지만 나는 TV에 출연하고 싶었다. 그런데 왠지 모르게 '나도 TV 프로그램 MC 하고 싶어. TV에 출연하고 싶어!'와 같은 얘기를 주변에 할 수 없었다.

자신감이 부족한 것이 가장 큰 이유였다. 이수근, 권진영, 문세윤 등 학교 후배들이 먼저 TV에 진출해서 인기를 끌고 있는 것도 은근히 신경 쓰였다. 쓸데없는 자존심이 문제였다. 그러면서도 속으로는 '언제 방송국에서 나에게 연락 올까?', '나를 언제 섭외할까?', '내일 아침에 방송국에서 전화가 와서 출연해 달라고 하면 좋겠다!' 등 막연하고 이루어지지 않을 상상만 하며 하루하루를 보냈다.

그러던 어느 날 가수 송대관 씨의 디너쇼 MC를 맡게 되었다. 예전 같으면 인기 아나운서가 그 무대의 MC를 했을 텐데, 송대관 씨 매니저가 나의 무대 진행을 보고 가수와 회사 사람들을 설득하여 그 자리에 서게 된 것이다.

현장에서 갈고닦은 실력이 있었기 때문에 디너쇼 MC는 자신이 있었다. 다양한 경험에서 나온 진행 실력과 유머로 나는 하얏트호텔 그랜드볼룸에 있는 사람들을 소위 들었다 놨다 했다. 송대관 씨를 비롯한 많은 사람의 반대와 걱정이 없었던 것은 아니다. 하지만 무사히 행사를 마치자 사람들은 무척 재밌었다고 칭찬하며 고마워했다. 뒤풀이 자리에서도 사람들은 내가 디너쇼에서 했던 농담과 게임들에 대해 이야기했다. 그리고 뒤풀이의 주인공이 내가 아닌가 싶을 정도로 다양한 질문이 나에게 쏟아지기 시작했다.

"호선 씨는 이렇게 재밌고 진행을 잘하는데 왜 TV에 안 나오세요?"

"호선 씨는 개그맨인가요? 탤런트인가요?"

다른 때 같았으면 머뭇거리며 대답하지 못했을 질문이었다. 너무나 간절했기에 숨겼을 것이고, 어쩌면 자격지심으로 얘기하지 못했을지도 모른다. 하지만 그날은 달랐다. 마음속에 있는 꿈을 입 밖으로 끄집어내고 싶었다. 아마 술기운도 한몫했으리라.

"저도 TV에 출연하고 싶어요. 그런데 아직 기회가 없었습니다. 저 좀 키워주세요."

"…"

그러자 갑자기 침묵이 흘렀다. 잠시 후 그중 한 명이 내게 이렇게 물었다.

"어떤 프로그램을 잘할 수 있는데요?"

내가 잘할 수 있다고 생각한 프로그램은 다음 두 개였다.

"KBS 〈연예가중계〉요. 그리고 전국 방방곡곡 다니면서 홍어도 잡고 배추도 뽑는 〈6시 내 고향〉이요."

수줍은 내 고백에 사람들이 웃었다. 마음속으로만 바라던 것을 여러 사람에게 말로 표현하니 홀가분했다.

다음 날이었다. 숙취에 허덕이고 있는데 전화벨이 울렸다.

"어제 잘 들어갔니? 지금 어디니? 지금 바로 KBS 본관 5층 교양국으로 올 수 있어?"

송대관 씨 매니저였다.

"그럼요. 바로 가겠습니다."

나는 이유를 묻지 않았다. 왠지 좋은 일이 생길 것 같았다. 가는 도중에 유명 떡집에 들러 떡을 사서 KBS 본관 5층으로 올라갔다. 그곳에는 송대관 씨 매니저와 함께 방송국 관계자들이 있었다. 나를 보며 PD가 말했다.

"이미지는 마음에 드네⋯."

나는 그때를 놓치지 않고 미리 준비한 떡을 꺼내 드라마 〈육남매〉 장미희 씨 대사를 흉내 내며 말했다.

"똑 드세요. 아~~~~!"

그리고 PD에게 떡을 먹여드렸다.

"하하하!"

KBS 5층 교양국 사무실에 웃음이 터져 나왔다.

나는 그 다음 주에 바로 경남 통영 욕지도 섬으로 촬영을 떠났다. KBS 프로그램의 리포터가 된 것이다.

〈6시 내고향〉 리포터를 하고 싶다고 말했던 그 뒤풀이 자리에는 가수 송대관 씨의 매니저도 있었다. 그가 KBS 관계자들에게 인사하러 다니던 중 우연히 다음 주 촬영 예정인 욕지도 편 리포터가 펑크를 냈다는 소식을 듣고 나를 소개한 것이다.

그렇게 나는 리포터가 될 수 있었다. 내가 마음속에 있던 바람을 말하지 않았다면 절대로 일어나지 않았을 일이다.

말의 힘은 생각보다 강력해서 생각을 마음속으로 하는 것보다 밖으로 내보는 게 훨씬 효과적이다. 자신이 진정으로 원하는 것이 있다면 더욱 자주 말해야 한다. 그러면 그 말이 돌고 돌아 나의 꿈을 이뤄주는 요술램프의 지니가 되어줄 것이다.

당신이 원하는 것이 있다면 말로 표현하자. 세상이 왜 나를 몰라주느냐고 원망할 시간에 한 번이라도 더 외치자. 하고 싶은 일, 이루고 싶은 꿈을 끊임없이 주변에 말하자.

램프의 요정 지니는 말한다.

"원하는 것이 있으면 말해. 그래야 내가 이루어 주지. 말 안 하면 나도 몰러…."

가치 있는 정보를
얻게 하는 말

●

이호선,
트로트 가수 되다

구체적인 질문의 힘

부동산 방송 MC가 되어서 가장 좋은 점은 최고의 부동산 전문가 빠숑 김학렬 소장에게 나의 고민을 물어볼 수 있다는 사실이다.

"형, 제가 이번에 아파트를 사려고 해요. 혼자 사니 주변에 분위기 좋은 식당도 많고 여행지 같은 분위기가 나는 동네면 좋겠어요. 강변북로 타고 다닐 때 보이는 동부이촌동 어떨까요?"

"호선아, 너와 딱 어울리는 곳이야. 혼자 사는 싱글들이 좋아하는 맛집도 많고 이쁜 카페도 많고 이자카야도 많아. 친구들 초대하기도 좋을 거야. 동부이촌동 아파트 중에 ○○아파트를 알아봐. 가격대도 예전보다 조금 내려갔으니 지금이 좋은 타이밍이야."

다음 날 나는 바로 동부이촌동으로 향했다. 강변북로를 빠져나오니 바로 동부이촌동 아파트와 공인중개사 사무소 간판들이 보였다. 그중 가장 눈에 띄는 공인중개업소로 들어갔다.

"아파트를 사고 싶습니다. 25평 아파트 중에 급매로 나온 게 있나요?"

"얼마 전에 나온 집인데 25평이고, 향도 좋고, 끝 집이라 조용해요. 그리고 집주인이 급하게 팔려고 내놔서 가격을 조정할 수 있어요."

"얼마인데요?"

"1층인데 괜찮아요?"

"너무 어둡지만 않으면 저는 좋습니다."

직접 보니 마음에 들었다. 문제는 가격이다. 최근에 비슷한 물건이 6억 1천만 원에 거래되긴 했지만 근래 최저 거래가는 5억 8천만 원이었다.

"그럼 5억 7,500만 원에 집주인에게 얘기해 주실래요? 그럼 바로 계약하겠습니다."

부동산을 거래할 때 500만 원에서 1천만 원 정도는 공인중개사의 말 한마디로 쉽게 조정이 된다. 그리고 보통 공인중개사는 매도자보다는 매수자의 편에서 얘기해 주는 경우가 많다. 왜냐면

매도자는 어차피 떠나는 사람이고 매수자는 계속 볼 확률이 높기 때문이다. 그렇게 나는 5억 7,500만 원에 동부이촌동 아파트를 매수했다.

계약을 하고 1개월 후 잔금 날이 되었다. 집주인의 표정이 너무 좋지 않았다. 1개월 사이에 집값이 1억 원이나 올랐기 때문이다. 나는 이 집을 2년 후에 10억 원 후반에 매도했다.

원하는 정보를 얻으려고 할 때는 명확히 말하는 것이 좋다. '혼자 사니 주변에 분위기 좋은 식당도 많고 동네가 여행지 같았으면 좋겠다.', '동부이촌동이 어떨 것 같은가?', '5억 7,500만 원에 바로 사겠다.' 이렇게 자신의 니즈를 구체적으로 표현하면 구체적인 답변을 얻을 수 있다. '집 사려고 하는데 어디가 좋은가요?' 같은 막연한 질문에는 막연한 답변만 돌아올 뿐이다.

뭐니 뭐니 해도 좋은 정보를 얻는 방법은 전문가에게 조언을 구하는 것이다. 만약 부동산 투자에 대한 정보를 구하고 싶다면 여러분 주변의 '빠숑'을 찾아보면 된다. 우리 주변엔 잘 찾아보면 다양한 분야에 정통한 전문가들이 있다. 그들의 지식과 경험은 우리에게 큰 자산이 된다.

그런데 정보를 얻고 행동하지 않으면 소용없다. 좋은 정보를 얻었다면 지체하지 말고 실행에 옮기자. 행동하지 않고 계속 조언만 얻는 것은 아무 의미가 없다.

새로운 길을 열어주는 말

삶이라는 것이 항상 마음대로 된다면 얼마나 좋을까? 그런데 그건 그냥 이상이고 바람일 뿐이다. 내가 좋아하는 마이크를 들고 사람들을 즐겁게 해주는 일을 매일 할 수 있다면 얼마나 좋겠는가? 하지만 원치 않아도 마이크를 내려놓을 일은 생기기 마련이다.

금방 끝날 것 같았던 코로나 팬데믹은 자그마치 3년이라는 시간 동안 나를 괴롭혔다. 공연, 행사, 대회 등의 사회를 보는 나는 사람들이 모여야 일할 수 있다. 사람이 모일 수 없는데 무엇을 할 수 있다는 말인가? 결국 코로나로 대부분의 일이 사라졌다. 그리고 나에게 무대가 없어졌다는 것은 자신을 부정하는 일이나 다름없었다.

사회 보는 일 외에 나는 무엇으로 사람들을 즐겁게 할 수 있을까? 이런 고민을 하기 시작했을 때였다. 친한 개그맨 후배 앵콜킴이 '할까말까송'을 불러 급식왕이라는 유튜브 채널을 통해 조회수 900만 뷰 이상을 터트렸다. 그런데 그가 그 노래 말고 또 한 곡이 있다고 했다. 그 노래가 바로 나의 운명의 노래 '총각김치'다. 나는 그 노래를 듣는 순간 나를 일으킬 노래라고 확신했다. 사람들이 모이지 못하니 행사 MC는 못하더라도 노래를 발표하면 사람들을 즐겁게 해줄 기회는 얼마든지 만들 수 있다. 꼭 사람이 모이지 않더라도 노래는 라디오나 유튜브를 통해 전달할 수 있기 때문이다. 하지만 걱정이 앞섰다. 노래를 만든 앵콜킴이 곡을 나에게 줄 거란 보장이 없었기 때문이다. 나는 유명가수도 아니었고 가수의 경험도 전혀 없었다. 하지만 일단 부딪혀 보기로 했다.

"앵콜킴, '총각김치' 노래 너무 좋다. 내가 꼭 부르고 싶어. 부탁해."

걱정과 달리 앵콜킴은 흔쾌히 수락해주었다. 하지만 그게 다가 아니었다. 가수가 되기까지는 많은 과정이 필요했다. 곡을 받은 뒤에는 편곡도 해야 하고 녹음도 해야 했던 것이다. 나는 기획사 사장인 친구에게 전화했다.

"나 가수가 되려고 해. 내게 꼭 맞는 곡을 받았거든. 편곡과 녹음을 해야 하는데…"

말이 끝나기 무섭게 친구는 자신의 회사에서 해주겠다고 했다. 코러스와 연주자 등도 자연스레 해결되었다. 그렇게 2021년 11월 11일 나의 노래 총각김치가 세상에 알려졌다. 이것이 내가 코로나 위기를 새로운 기회로 바꾼 비결이다.

말의 힘을 믿어라

혹시 지금 어려움에 처해 있다면 그 상황을 바꿀 수 있는 첫 번째 도구는 바로 '말하기'다.

꿈을 이야기하는 것을 두려워하지 말자. 바라는 것을 말하자.

도움이 필요하다고 말하자. 새로운 아이디어를 말하자.

　한 가지 잊지 말아야 할 것은 말하는 것만큼 중요한 것이 '행동'과 '신뢰'라는 점이다. 말한 대로 행동하고, 약속을 지키는 것도 말하는 것 이상으로 중요하다. 신뢰가 있는 사람이라면 우리 주변의 사람들이 기꺼이 조력자가 되어줄 것이기 때문이다.

운이 좋은 사람이
달고 사는 긍정의 말

●

긍정의 언어가
삶을 변화시킨다

운이 트이는 말 vs 운이 달아나는 말

"아이 아빠예요? 할아버지예요?"

며칠 전 경비 아저씨가 내게 물었다.

아무리 늦어서 아들을 낳았다고 해도 너무 심한 것 아닌가? 순간 화를 내고 싶었지만 참았다. 화를 내는 게 나에게 아무런 도움도 되지 않는다는 사실을 알기 때문이다.

"제 아들입니다. 경비 할머님!"

농담으로 대처하고 아이를 유치원에 등원시키고 오는 길에 누군가는 나를 아들의 할아버지로 볼 수 있다는 생각에 기분이 가라앉았다.

'경비 아저씨가 연세가 많아서 그런 걸 거야.' 하고 합리화했지만 기분이 풀리지 않았다. 어린 아들을 키우는 늙은 아빠란 사실은 변함이 없기 때문이다.

사실 며칠 전에 휴대폰 글씨가 잘 보이지 않는다 싶더니, 안과에서 노안 진단을 받은 터였다. 예전에는 가까이서 휴대폰을 보았는데 나의 팔이 휴대폰과 점점 멀어졌다. 팔이 모자라면서 가제트 팔이라도 구입해야 할 판이었다. 이런 신체의 변화를 겪는 중에 그런 말을 들으니 늙은 아빠라는 단어가 며칠간 머릿속에서 맴돌았다.

누군가의 말 한마디가 사람을 이렇게 힘들게 만들기도 한다. 말은 누군가를 기분 좋게 해주기도 하고, 기분을 언짢게 만들기도 하는 것이다.

그럼에도 농담이라며 다음과 같은 말을 아무렇지도 않게 하는 사람들이 있다.

"왜 이렇게 살이 찐 거야?"

"머리숱이 왜 이렇게 줄어든 거야?"

"어제 잠 안 잤어? 왜 이렇게 피곤해 보여?"

이런 말 한마디에 정말 피곤해지기도 하고, 살이 많이 쪄서 보기 싫은 사람이 되기도 한다.

"오늘 좋은 일 있으셨나요?"

"정말 멋져 보이십니다."

"넥타이가 참 예쁘네요. 직접 고르신 거예요? 센스가 뛰어나시네요."

"최근에 운동을 시작하셨나 봐요?"

이런 말은 어떠한가? 사소한 말들이지만 상대방의 하루를 밝게 만드는 말들이다. 나는 아침 행사 때마다 이를 느끼곤 한다. 아침 행사에 가면 관객들이 지친 모습을 보이곤 한다. 이때 내가 긍정적인 말을 건네면 분위기가 확 바뀐다.

"여러분! 이른 아침인데도 어떻게 이렇게 활기차 보이세요? 오늘 좋은 일이 있으신가요? 여러분의 밝은 표정이 정말 부럽습니다!"

신기한 건 피곤해 보였던 관객들이 이 말을 듣고 에너지 넘치고 기분 좋은 표정을 짓는다는 것이다.

과학적으로 입증된 말의 힘

말의 엄청난 힘은 과학적으로도 입증이 되었다. EBS에서 한글날 특집으로 방영한 〈말의 힘〉이라는 다큐멘터리에서 말의 힘에 대한 실험을 진행했다. 실험방법은 간단했다. 두 유리병에 같은 쌀밥을 넣고 한쪽 병에는 '고맙습니다.', 다른 한쪽 병에는 반면 '짜증 나!'라고 쓰인 스티커를 붙였다. 그리고 헤드폰을 통해 '고맙습니다.' 병에는 이쁘고 긍정적이고 사랑스러운 말을 들려주었다. 반면 '짜증 나!' 병에는 부정적이고 나쁜 말을 들려주었다. 한 달이 지났을 때, '고맙습니다.' 병에는 하얀 곰팡이가 피면서 구수한 냄새가 난 반면 '짜증 나!' 병에는 검정 곰팡이와 역겨운 냄새가 진동했다.

한 유튜버도 양파를 가지고 비슷한 실험을 했다. 한쪽에는 '너 싫어. 미워. 나빠!'라는 말을 해주고 다른 한쪽에는 '이뻐. 사랑해!'와 같은 말을 해줬다. 2주가 지나니 긍정적인 말을 해준 양파가 훨씬 많이 자랐다. 반면 부정적인 말을 들은 양파는 싹도 틔우지 못했다.

이렇듯 귀가 없는 식물조차도 말의 영향을 받는다. 그렇다면 인간에게 미치는 말의 힘은 얼마나 클까?

내가 하는 말을 가장 많이 듣는 사람은 누구일까? 바로 나 자신이다. 내 입에서 부정적인 말이 많이 나오면 가장 큰 영향을 받는 사람은 바로 나일 수밖에 없다.

변화를 원한다면 긍정적인 말을 자주 하자. 나 자신에게 내가 원하는 말을 많이 해주자. 그러다 보면 어느 순간 나는 내가 말한 대로 변해있을 것이다.

'긍정의 말'
연습하기

긍정 일기 쓰기 | 매일 긍정적인 경험들을 일기에 적어보자. 그러면 긍정적인 생각이 자연스럽게 머릿속에 자리 잡게 된다.

거울 앞에서 긍정적인 말 연습하기 | 아침에 거울 앞에 서서 "나는 충분히 잘하고 있다.", "나는 가치 있는 사람이다.", "나는 대한민국 최고의 MC다."와 같은 긍정적인 말을 자기 자신에게 해보는 것이다. 이런 연습은 자신감을 높이고 긍정적인 자아상을 만드는 데 도움이 된다.

작은 목표를 설정하고 그 목표를 달성할 때마다 칭찬하기 | 이는 성취감을 안겨주면서 계속해서 긍정적인 행동을 유도한다. 일주일에 세 번 운동하기, 책 한 권 읽기 등 작지만 의

미 있는 목표를 세우고 달성할 때마다 "잘했어. 훌륭해." 하고 스스로 격려해 보자.

명상을 통해 마음의 안정을 찾고 긍정적인 생각하기 | 명상은 마음을 진정시키고 긍정적인 에너지를 증진시킨다. 부정적인 생각이 들 때마다 긍정적인 생각으로 바꾸는 연습을 해보자. 이는 내면의 평화를 유지하고 긍정적인 태도를 강화하는 데 도움이 된다.

이런 작은 실천들을 통해, 당신은 점차 긍정적인 말과 생각을 하게 되고, 이는 결국 큰 변화로 이어질 것이다.

말 '덕분에' 삶이 풍요롭게 변화하길

몇 년 전, 오바마 전 미국 대통령의 기자회견장에서 있었던 일화는 우리 사회의 '말하기 문화'에 대해 다시 생각하게 한다.

"한국 기자분들에게 질문권을 드릴게요. 말씀하실 분 안 계시나요?"

이러한 오바마 전 대통령의 요청에 한국 기자들은 침묵했다. 결국 한 명이 손을 들었지만, 그는 한국 기자가 아닌 중국 기자였다. 오바마는 다시 한 번 "한국 기자 어디 없나요?"라고 물었지만, 아무도 손을 들지 않았다.

이 장면을 TV로 보며 나는 의문이 들었다. 세계 각국의 기자들이 모인 자리에서 왜 한국 기자들은 말을 하지 못했을까? 쑥스러워서? 당황해서? 아니면 말하는 것에 대한 두려움 때문일까?

아마도 학창 시절부터 이어진 '조용히 하라!'는 문화가 지금의 우리를 만들었는지도 모른다. 그러나 자기 표현의 시대에 이러한 문화는 우리의 발목을 잡을 수 있다.

소극적인 말하기 문화는 직장 생활에서도 드러난다. 얼마 전 미국의 IT 기업에서 일하는 직원을 만났는데 이러한 이야기를 들었다. 보통 중간 관리자까지는 다른 나라보다 한국인이 더 빨리 승진한다고 한다. 그러나 임원이나 대표가 되는 사람은 한국인보다 인도인이 훨씬 많다는 것이다. 그리고 그 이유는 바로 '말'에 있다고 한다. 성실하고 뛰어난 업무 능력을 가진 한국인은 초기에는 빨리 승진하고 인정받지만, 대중 앞에서 말하고 자신을 표현하는 데 서툴러 임원 승진에서는 인도인에게 뒤처지는 경향이 있다는 것이다.

이런 현실을 보며, 나는 그동안 말하기 코칭을 하고 학교에서 학생들을 가르치며 쌓아온 노하우를 정리하여 책을 쓰기로 결심했다. 그러나 쉽지는 않았다. 결혼 전부터 원고를 쓰기 시작해 완성되기까지 7년이 넘는 시간이 걸렸다. 완성도 때문만은 아니었다. 창피한 고백을 하자면, 여러 번 포기했다. 며칠 열심히 쓰다가 힘들어서 쉬고, 다시 쓰려다 몇 달이 지나곤 했다. 그리고 다시 쓰고 또 몇 달을 쉬기를 반복했다. 그러나 포기하지 않고 다시 시작했고, 결국 이 책이 탄생했다.

이 책을 통해 독자들이 '말 때문에' 어려움을 겪는 것이 아니라 '말 덕분에' 삶이 풍요롭게 변화하길 기대해본다. 그리고 꿈을 향한 여정에 이 책이 작은 도움이 되기를 진심으로 바란다.

사람을 사로잡는 재치 있고 긍정적인 포용의 대화법
오십의 말하기는 달라야 합니다

초판 1쇄 발행 · 2024년 09월 25일

지은이 · 이호선
펴낸이 · 민혜영
펴낸곳 · 오아시스
주소 · 서울특별시 마포구 월드컵로14길 56, 3~5층
전화 · 02-303-5580 **| 팩스** · 02-2179-8768
홈페이지 · www.cassiopeiabook.com **| 전자우편** · editor@cassiopeiabook.com
출판등록 · 2012년 12월 27일 제2014-000277호

ⓒ이호선, 2024
ISBN · 979-11-6827-228-6 03190

· 오아시스는 (주)카시오페아 출판사의 인문교양 브랜드입니다.
· 잘못된 책은 구입하신 곳에서 바꿔 드립니다.
· 책값은 뒤표지에 있습니다.